AF630926

ANGRY BIRDS™ COMICS

DAS ZERSTÖRTE KATAPULT

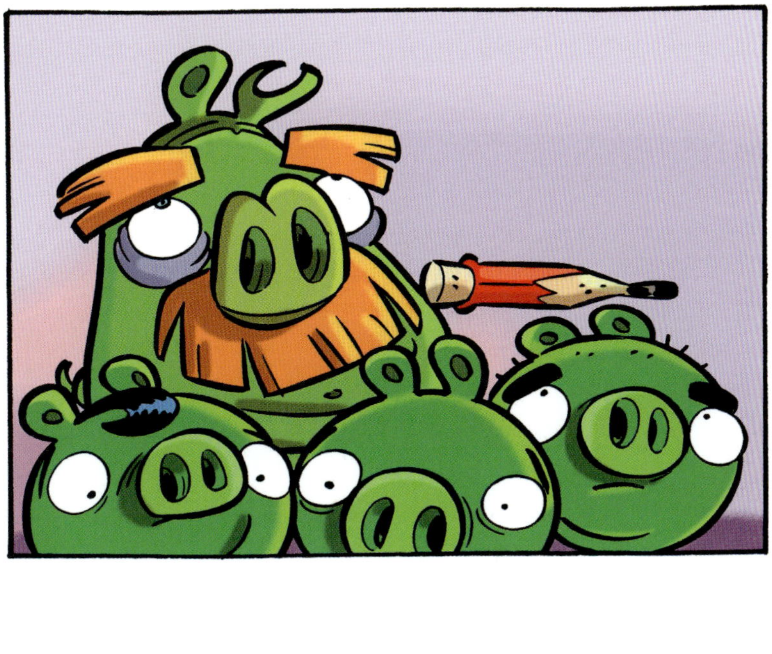

cross cult

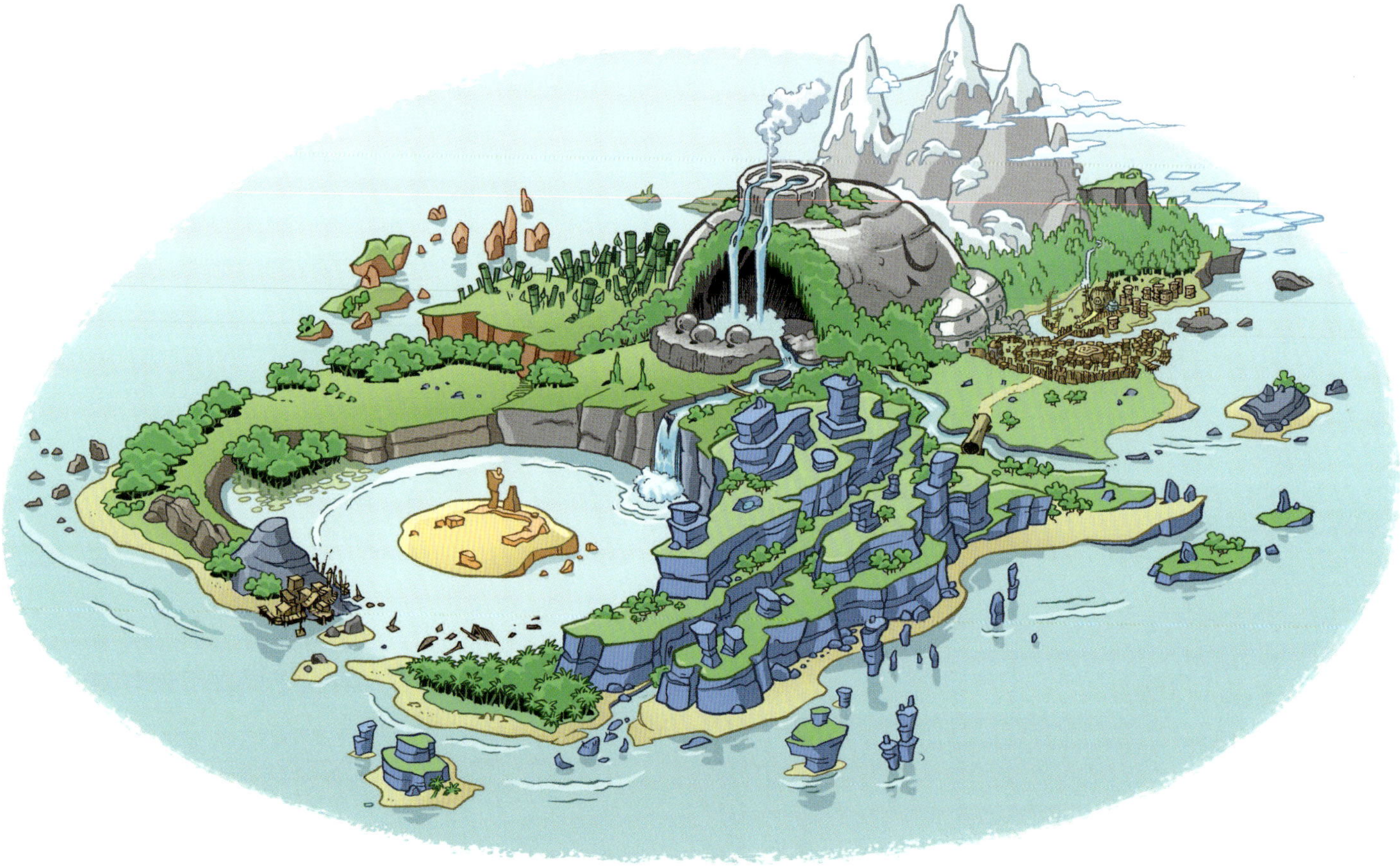

INHALT

Impressum: Die deutsche Ausgabe von
ANGRY BIRDS COMICBAND 6: DAS ZERSTÖRTE KATAPULT
wird herausgegeben von Amigo Grafik, Teinacher Straße 72,
71634 Ludwigsburg.

Hardy Hellstern und Andreas Mergenthaler, Herausgeber
Sarah Weissbeck, Redaktion
Jan Bratenstein, Übersetzung
Amigo Grafik, Lettering

Druck: Hagemayer, Wien

Januar 2016

ISBN Softcoverausgabe: 978-3-86425-821-3

ISBN digitale Ausgabe (pdf): 978-3-86425-929-6
ISBN digitale Ausgabe (mobi/kindle): 978-3-86425-958-6
ISBN digitale Ausgabe (fixed layout): 978-3-86425-522-9

Weitere Infos: www.cross-cult.de & www.crocu.de
Diskutiert mit uns auf Facebook und im Verlagsforum

Originalausgabe:
ANGRY BIRDS COMICS 6: THE BROKEN SLINGSHOT

© 2009-2016 Rovio Entertainment Ltd.

Rovio, Angry Birds, Bad Piggies, Mighty Eagle
and all related titles, logos and characters are
trademarks of Rovio Entertainment Ltd.
All rights reserved.

Laura Nevanlinna, Publishing Director
Jukka Heiskanen, Editor-In-Chief, Comics
Jan Schulte-Tigges, Art Director, Books
Juha Mäkinen, Editor, Comics
Henrik Sarimo, Graphic Designer, Books
Nathan Cosby, Freelance Editor

Cover-Illustration von Marco Gervasio
Weitere Illustrationen von Cèsar Ferioli

COMIC

News, Trends
und Infos rund um
den deutschsprachigen
Comicmarkt unter:
WWW.COMIC.DE

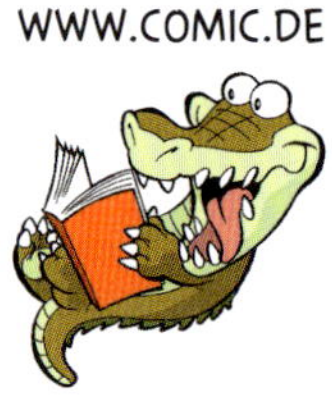

Alles über Kids-Comics
von Cross Cult – News,
Leseproben, Gewinnspiele,
ein Diskussionsforum
uvm. – findet ihr auf:
WWW.CROCU.DE

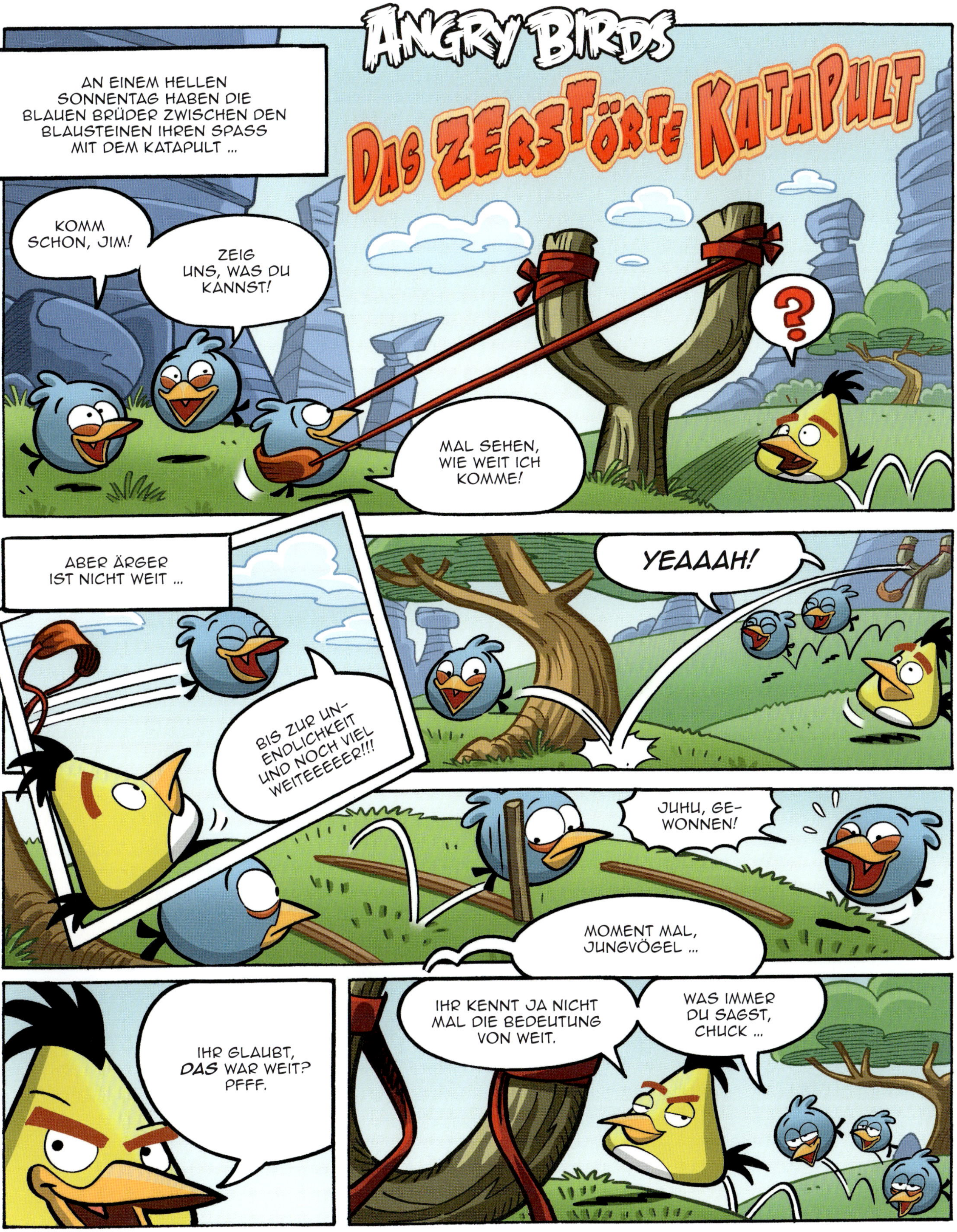

TEXT: ANASTASIA HEINZL, ZEICHNUNGEN: MARCO GERVASIO, FARBEN: DIGIKORE

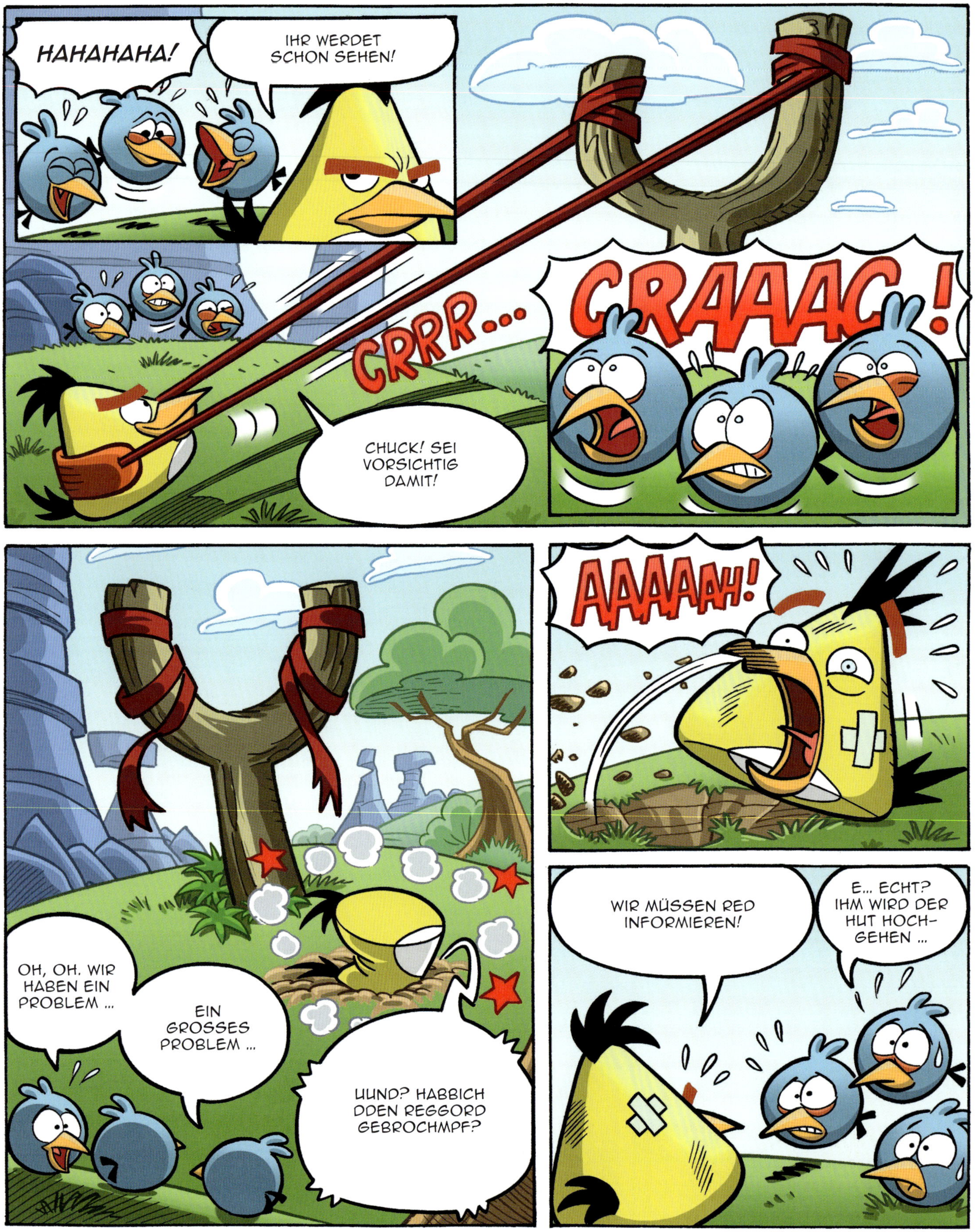
HAHAHAHA!
IHR WERDET SCHON SEHEN!
CRRR...
CRAAAC!
CHUCK! SEI VORSICHTIG DAMIT!
AAAAAH!
OH, OH. WIR HABEN EIN PROBLEM ...
EIN GROSSES PROBLEM ...
UUND? HABBICH DDEN REGGORD GEBROCHMPF?
WIR MÜSSEN RED INFORMIEREN!
E... ECHT? IHM WIRD DER HUT HOCH-GEHEN ...

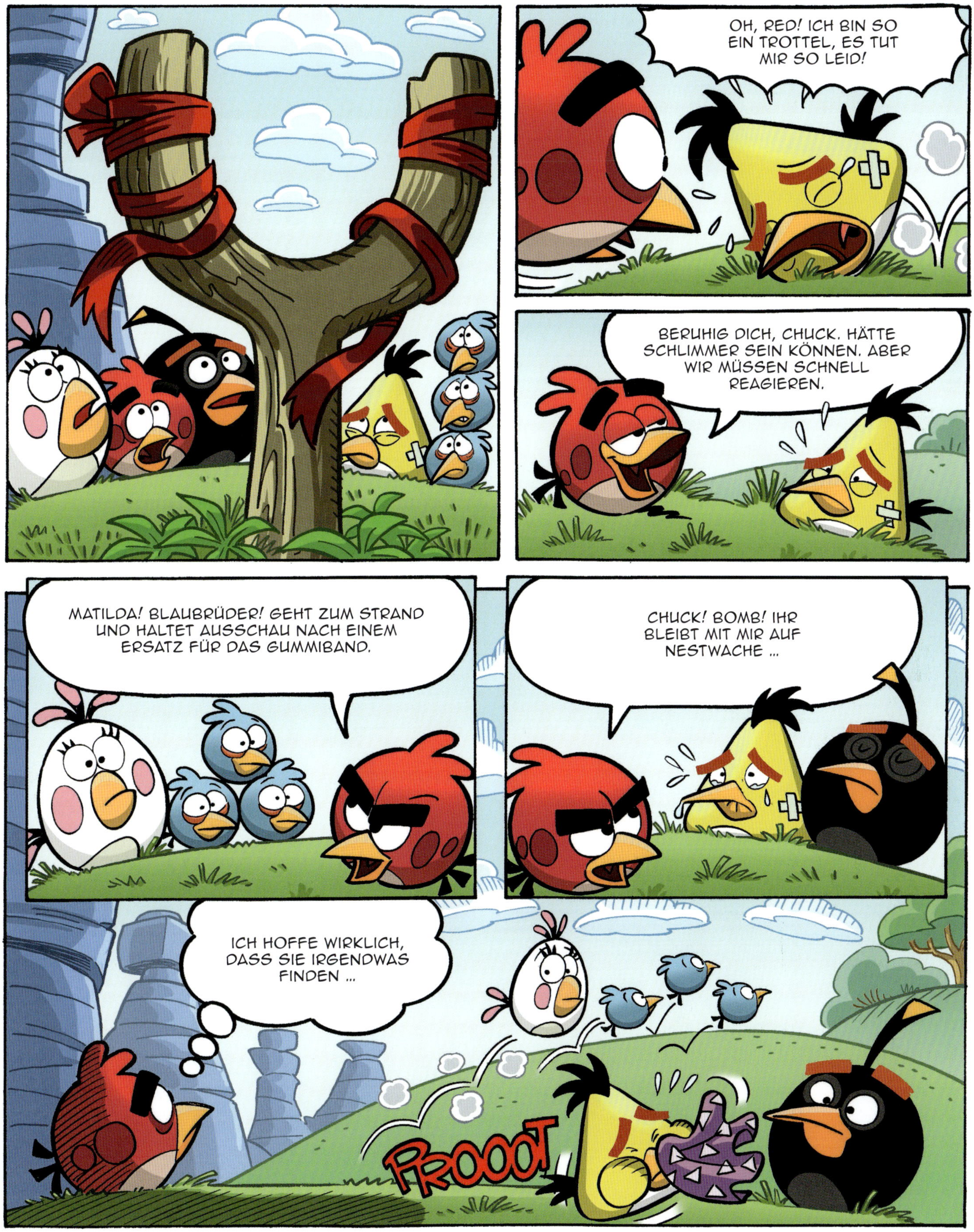
OH, RED! ICH BIN SO EIN TROTTEL, ES TUT MIR SO LEID!
BERUHIG DICH, CHUCK. HÄTTE SCHLIMMER SEIN KÖNNEN. ABER WIR MÜSSEN SCHNELL REAGIEREN.
MATILDA! BLAUBRÜDER! GEHT ZUM STRAND UND HALTET AUSSCHAU NACH EINEM ERSATZ FÜR DAS GUMMIBAND.
CHUCK! BOMB! IHR BLEIBT MIT MIR AUF NESTWACHE ...
ICH HOFFE WIRKLICH, DASS SIE IRGENDWAS FINDEN ...
PROOOT

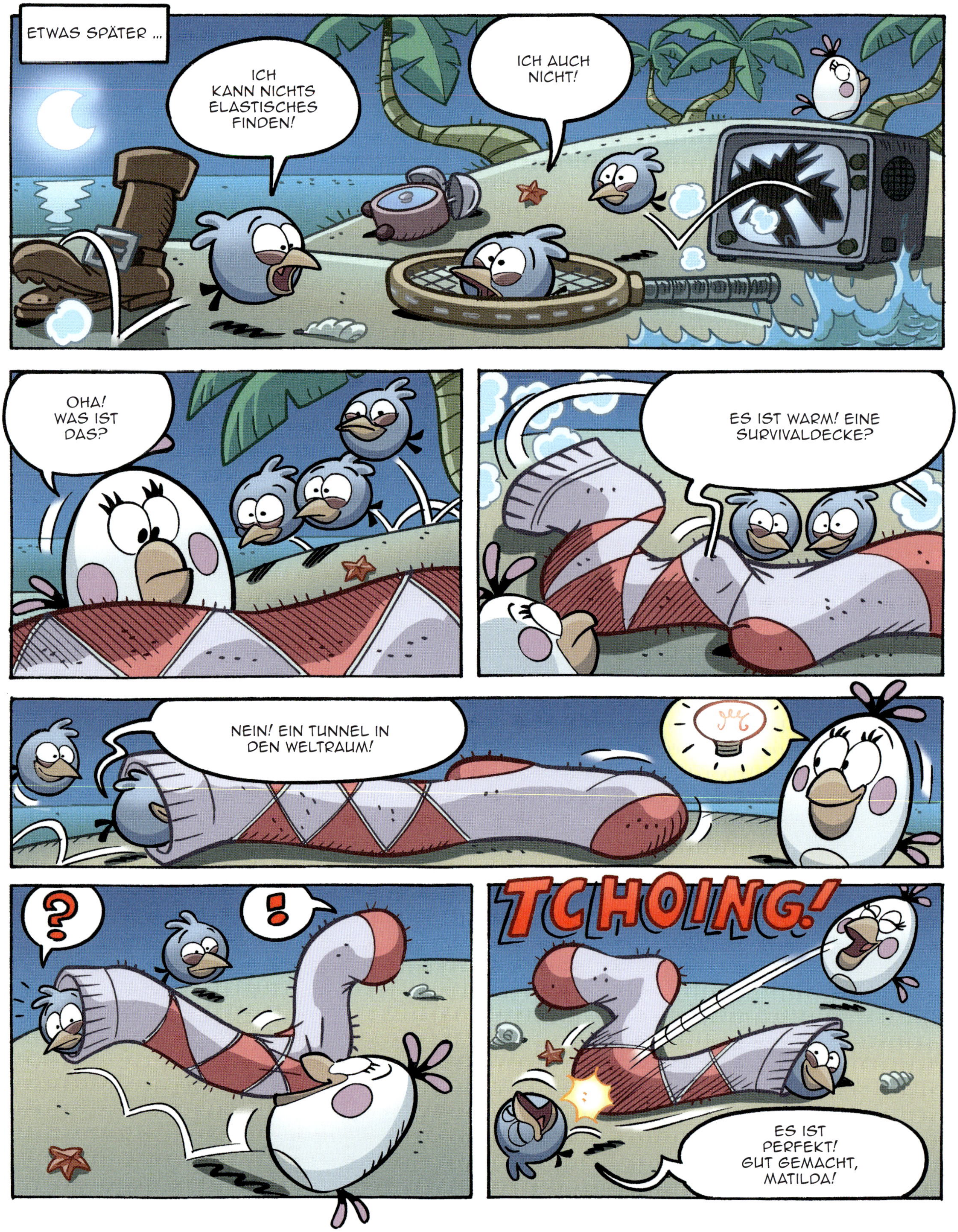
ETWAS SPÄTER ...
ICH KANN NICHTS ELASTISCHES FINDEN!
ICH AUCH NICHT!
OHA! WAS IST DAS?
ES IST WARM! EINE SURVIVALDECKE?
NEIN! EIN TUNNEL IN DEN WELTRAUM!
?
!
TCHOING!
ES IST PERFEKT! GUT GEMACHT, MATILDA!

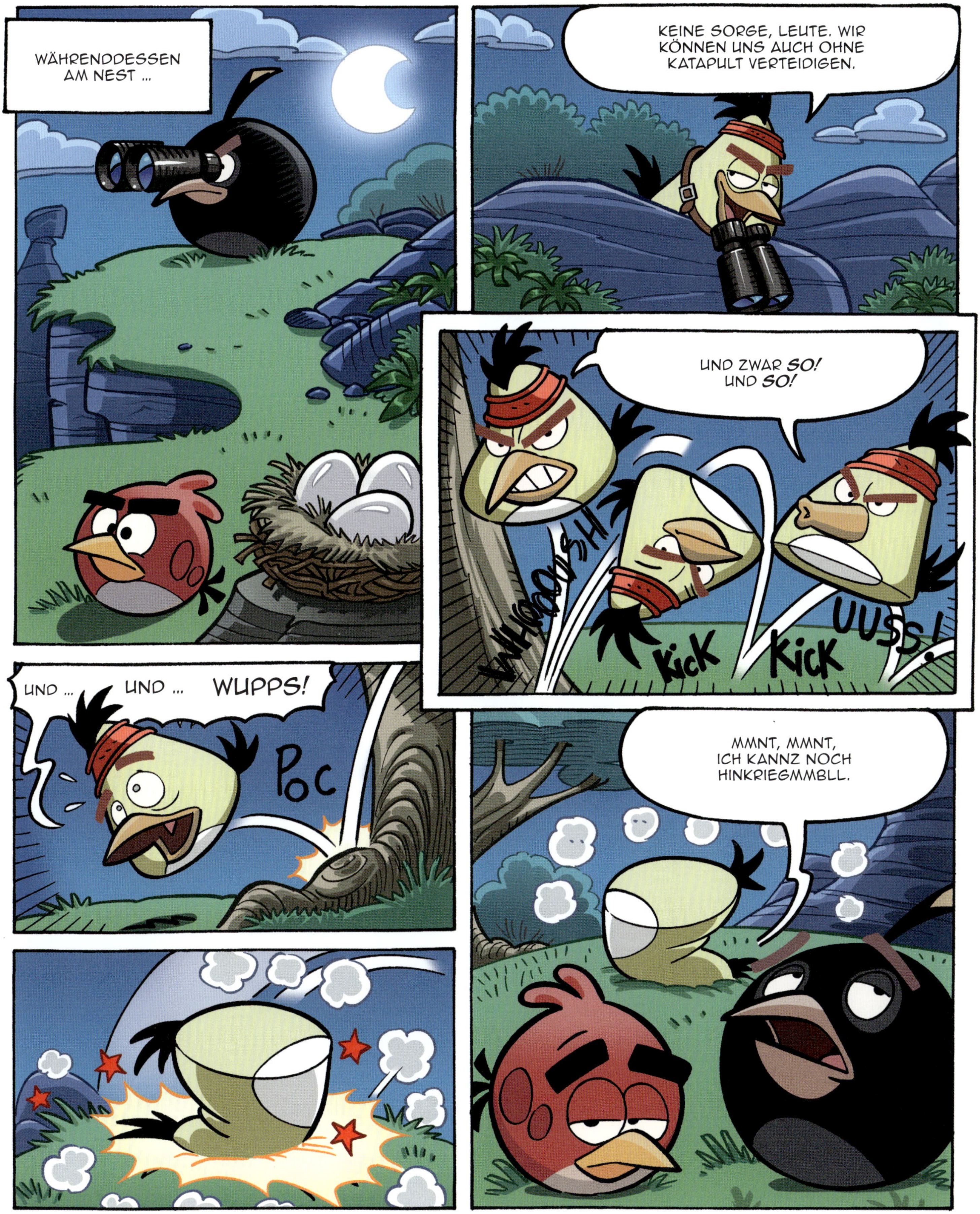
WÄHRENDDESSEN AM NEST ...
KEINE SORGE, LEUTE. WIR KÖNNEN UNS AUCH OHNE KATAPULT VERTEIDIGEN.
UND ZWAR SO! UND SO!
WHOOOSH
KICK
KICK
UUSS!
UND ...
UND ...
WUPPS!
POC
MMNT, MMNT, ICH KANNZ NOCH HINKRIEGMMBLL.

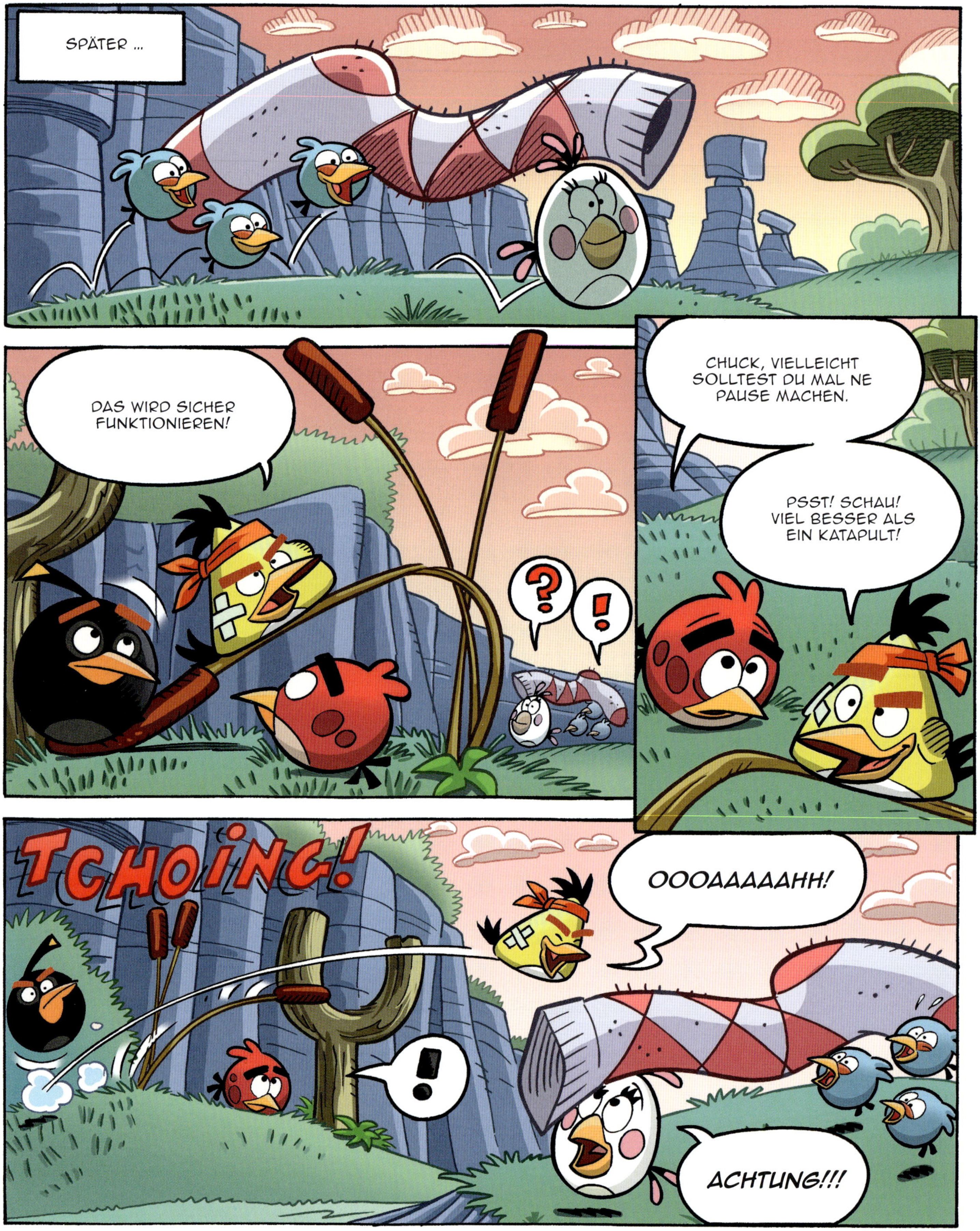
SPÄTER ...
DAS WIRD SICHER FUNKTIONIEREN!
?
!
CHUCK, VIELLEICHT SOLLTEST DU MAL NE PAUSE MACHEN.
PSST! SCHAU! VIEL BESSER ALS EIN KATAPULT!
TCHOING!
OOOAAAAAAHH!
!
ACHTUNG!!!

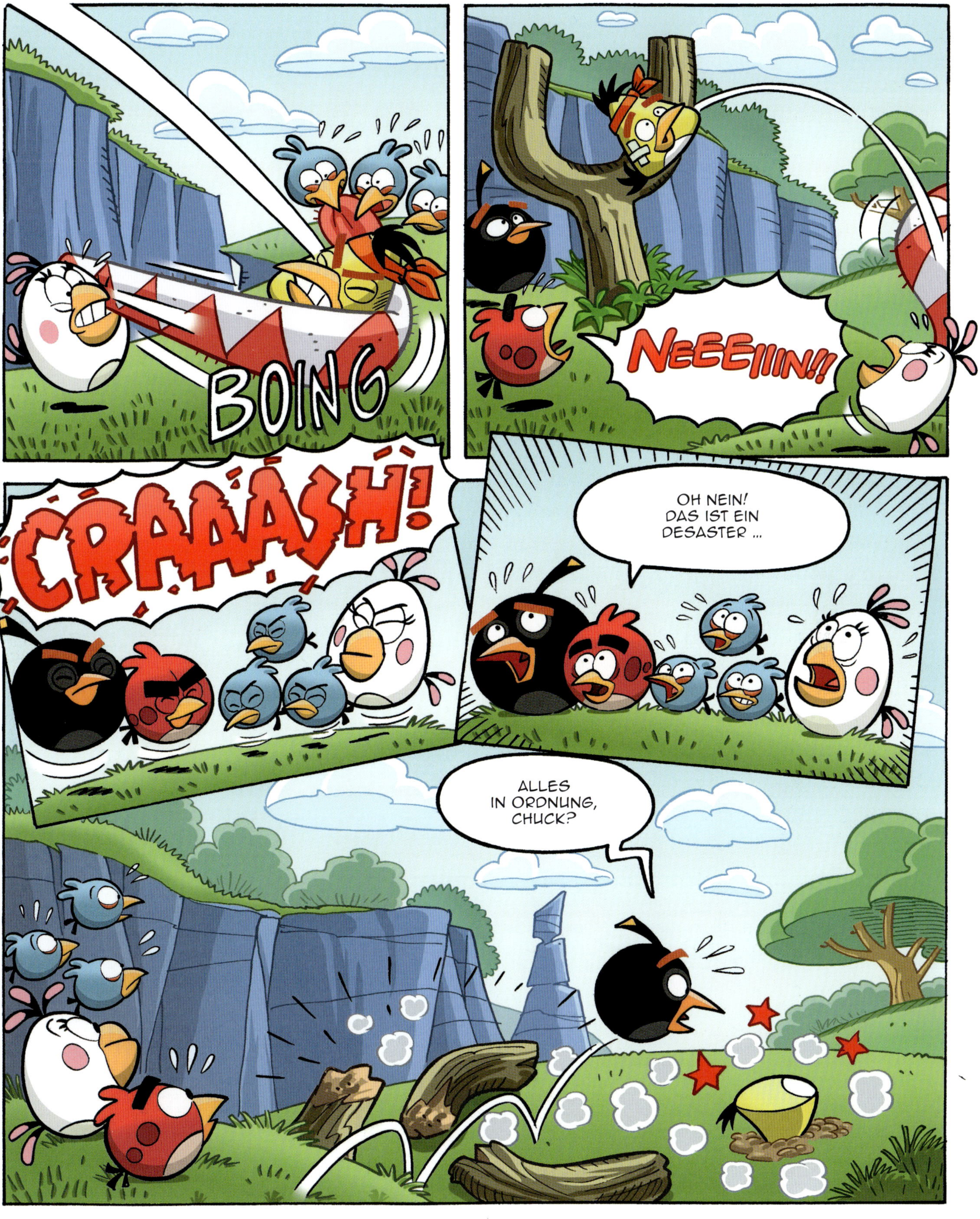

BOING
NEEEIIIN!!
CRAAASH!
OH NEIN!
DAS IST EIN
DESASTER ...
ALLES
IN ORDNUNG,
CHUCK?

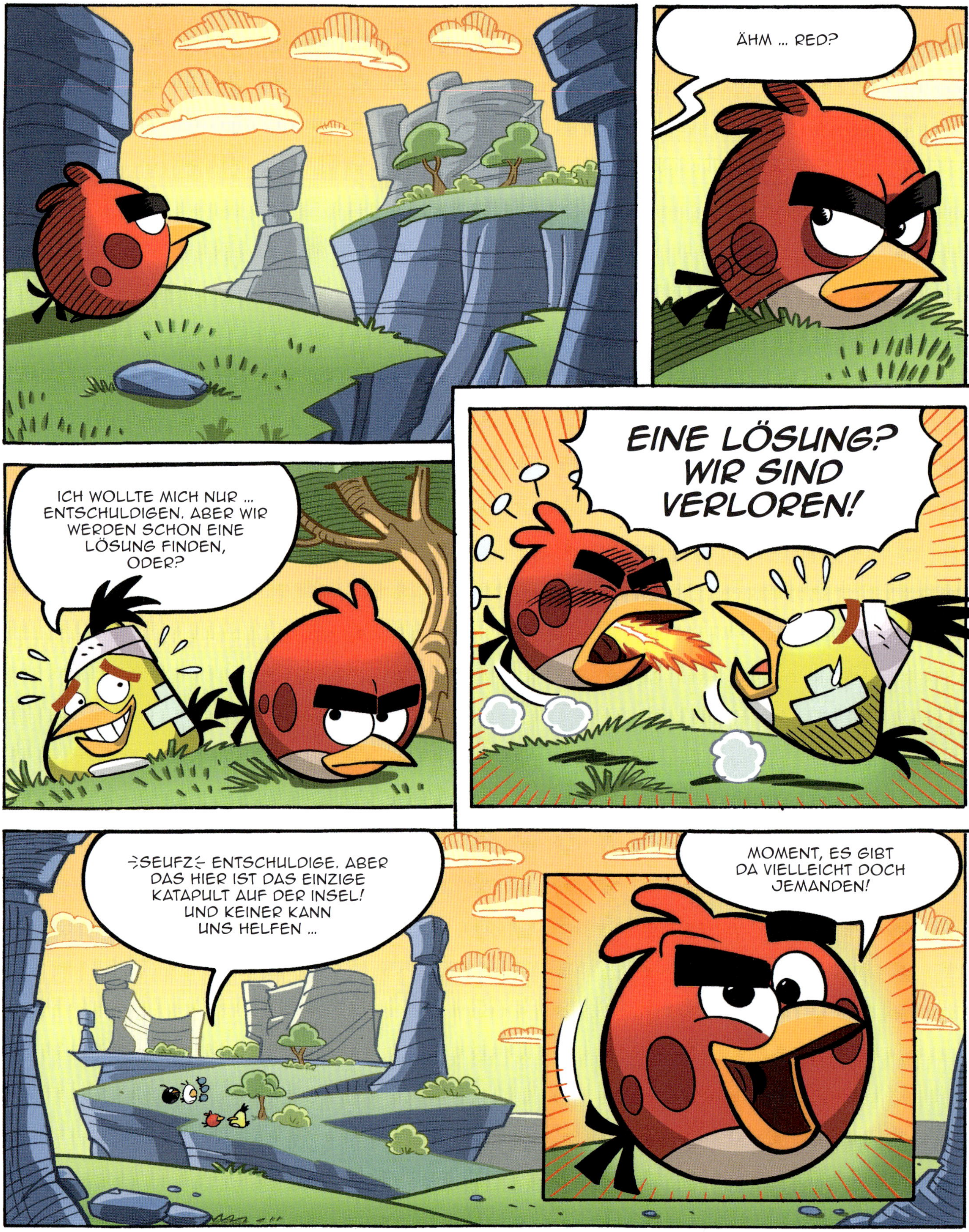
ÄHM ... RED?
ICH WOLLTE MICH NUR ... ENTSCHULDIGEN. ABER WIR WERDEN SCHON EINE LÖSUNG FINDEN, ODER?
EINE LÖSUNG? WIR SIND VERLOREN!
⪢SEUFZ⪡ ENTSCHULDIGE. ABER DAS HIER IST DAS EINZIGE KATAPULT AUF DER INSEL! UND KEINER KANN UNS HELFEN ...
MOMENT, ES GIBT DA VIELLEICHT DOCH JEMANDEN!

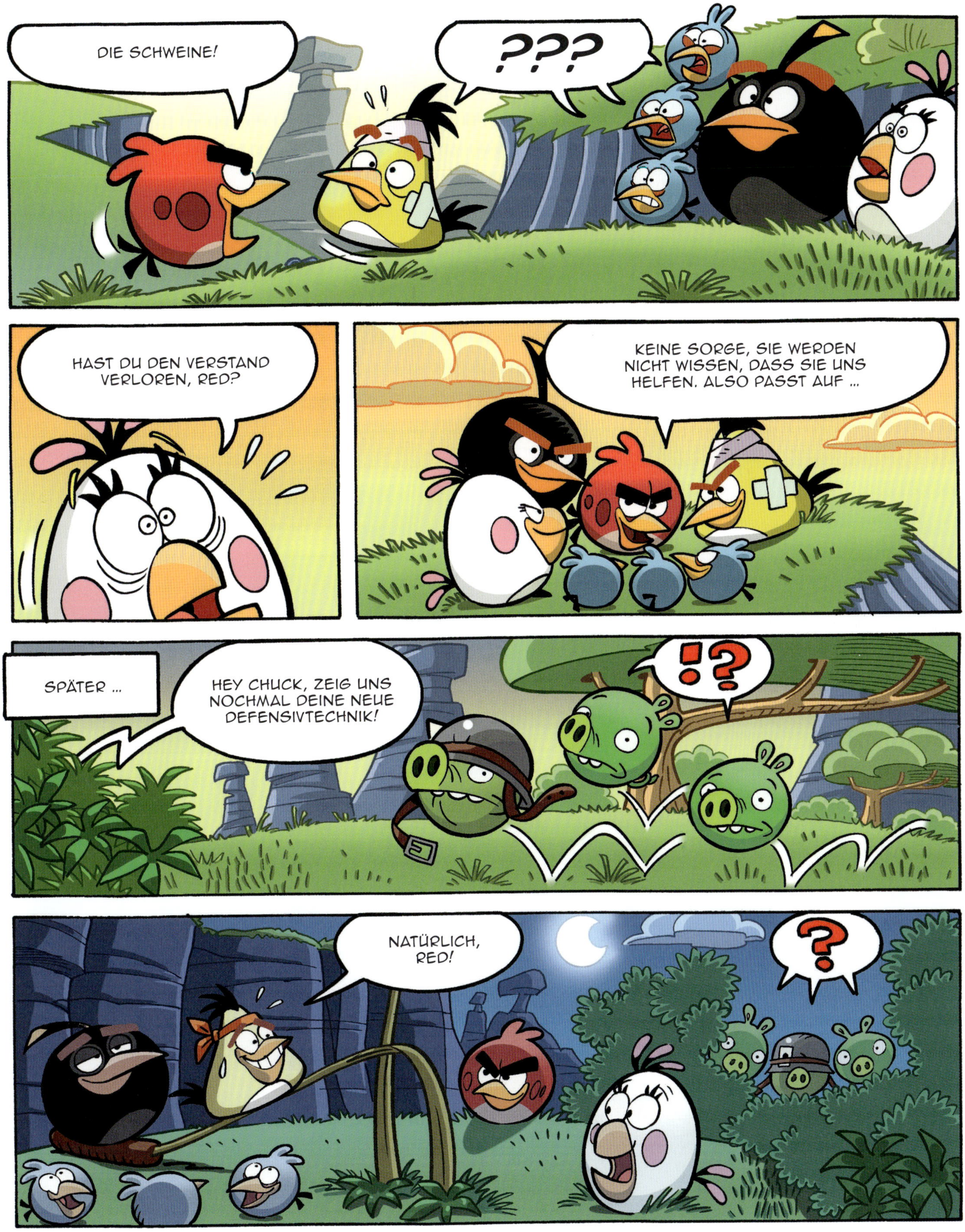
DIE SCHWEINE!
???
HAST DU DEN VERSTAND VERLOREN, RED?
KEINE SORGE, SIE WERDEN NICHT WISSEN, DASS SIE UNS HELFEN. ALSO PASST AUF ...
SPÄTER ...
HEY CHUCK, ZEIG UNS NOCHMAL DEINE NEUE DEFENSIVTECHNIK!
!?
NATÜRLICH, RED!
?

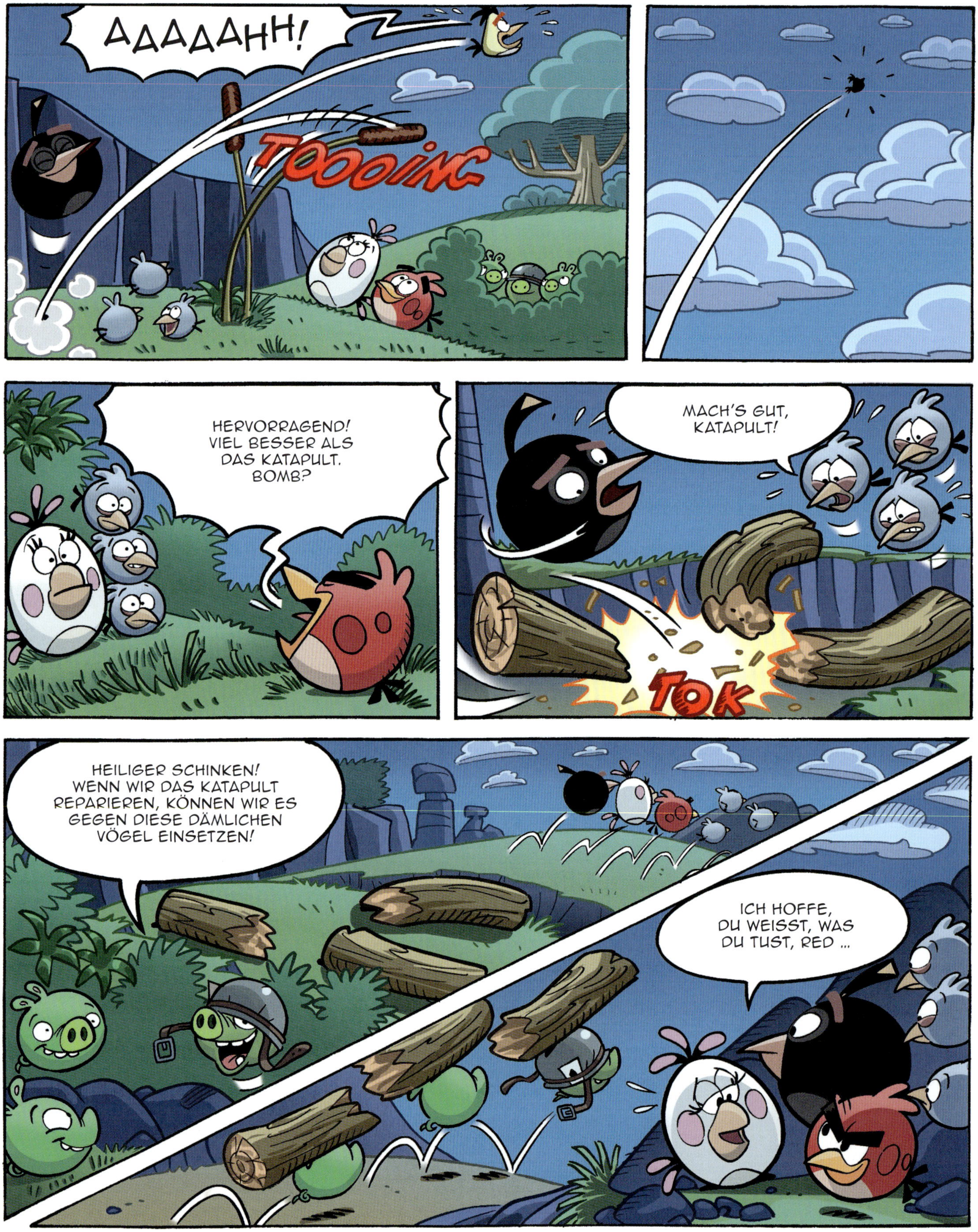
AAAAAHH!
TOOOING
HERVORRAGEND! VIEL BESSER ALS DAS KATAPULT. BOMB?
MACH'S GUT, KATAPULT!
TOK
HEILIGER SCHINKEN! WENN WIR DAS KATAPULT REPARIEREN, KÖNNEN WIR ES GEGEN DIESE DÄMLICHEN VÖGEL EINSETZEN!
ICH HOFFE, DU WEISST, WAS DU TUST, RED ...

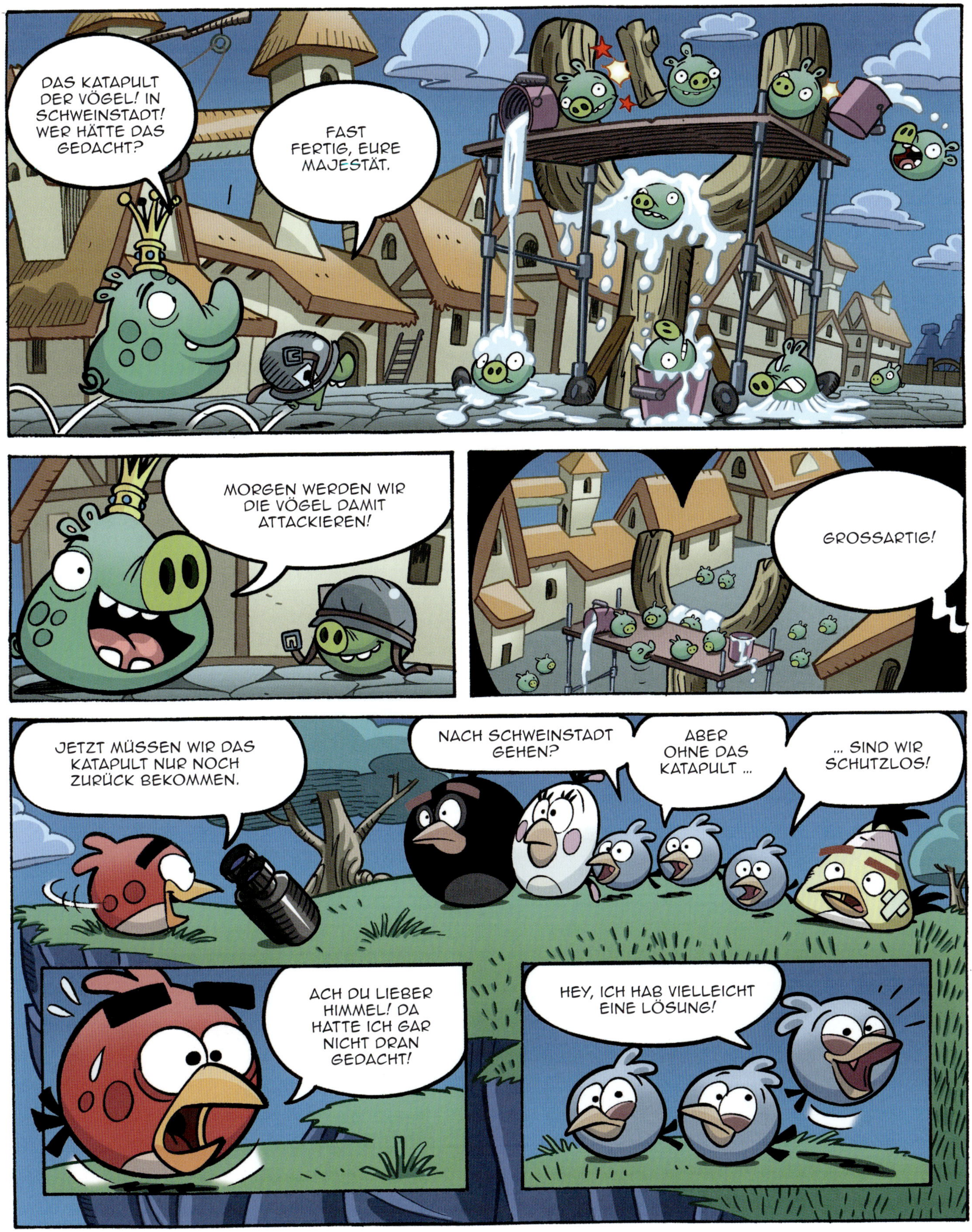
DAS KATAPULT DER VÖGEL! IN SCHWEINSTADT! WER HÄTTE DAS GEDACHT?
FAST FERTIG, EURE MAJESTÄT.
MORGEN WERDEN WIR DIE VÖGEL DAMIT ATTACKIEREN!
GROSSARTIG!
JETZT MÜSSEN WIR DAS KATAPULT NUR NOCH ZURÜCK BEKOMMEN.
NACH SCHWEINSTADT GEHEN?
ABER OHNE DAS KATAPULT ...
... SIND WIR SCHUTZLOS!
ACH DU LIEBER HIMMEL! DA HATTE ICH GAR NICHT DRAN GEDACHT!
HEY, ICH HAB VIELLEICHT EINE LÖSUNG!

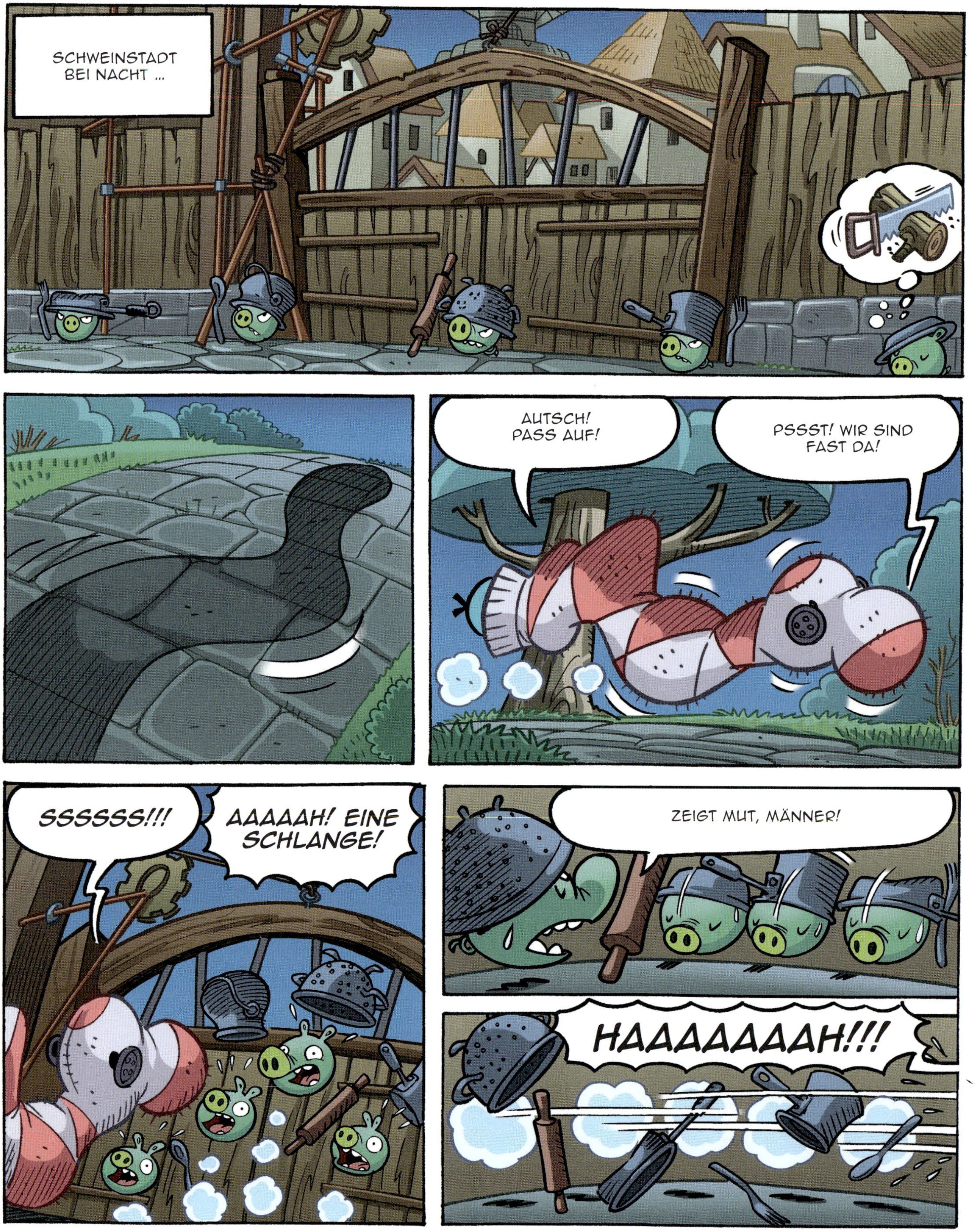
SCHWEINSTADT
BEI NACHT ...
AUTSCH!
PASS AUF!
PSSST! WIR SIND
FAST DA!
SSSSSS!!!
AAAAAH! EINE
SCHLANGE!
ZEIGT MUT, MÄNNER!
HAAAAAAAH!!!

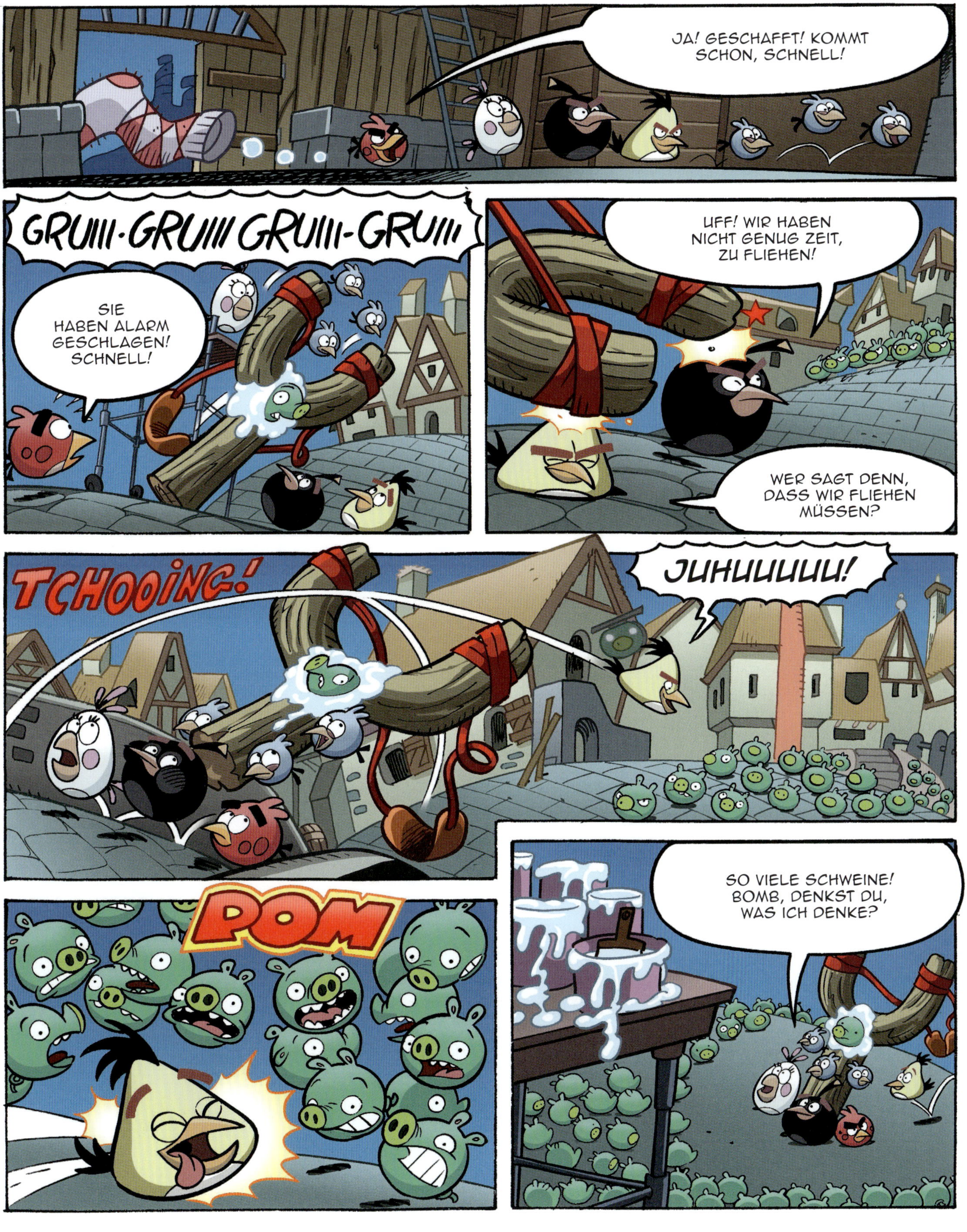

JA! GESCHAFFT! KOMMT SCHON, SCHNELL!
GRUIII-GRUIII GRUIII-GRUIII
SIE HABEN ALARM GESCHLAGEN! SCHNELL!
UFF! WIR HABEN NICHT GENUG ZEIT, ZU FLIEHEN!
WER SAGT DENN, DASS WIR FLIEHEN MÜSSEN?
TCHOOING!
JUHUUUUU!
POM
SO VIELE SCHWEINE! BOMB, DENKST DU, WAS ICH DENKE?

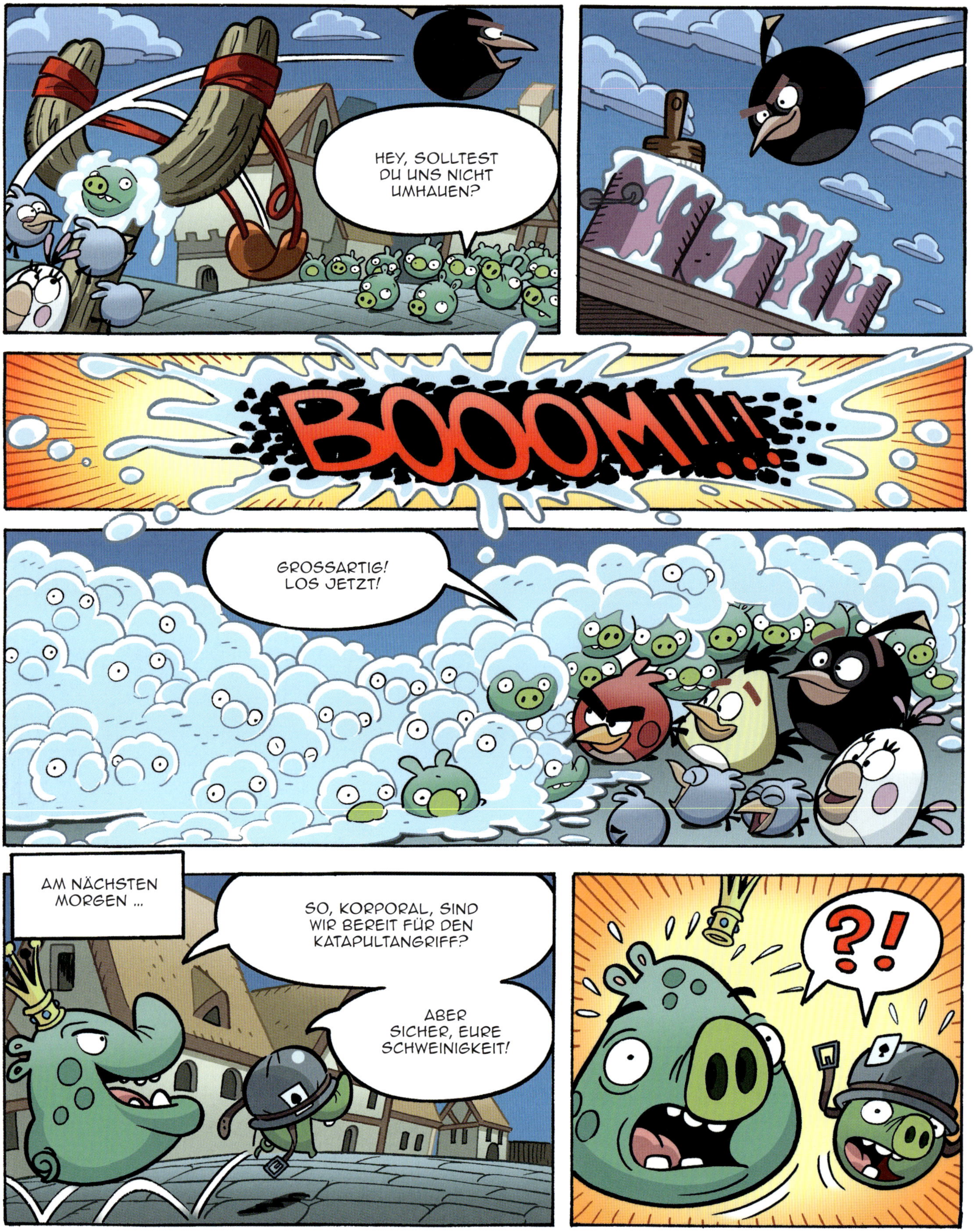
HEY, SOLLTEST DU UNS NICHT UMHAUEN?
BOOOM!!!
GROSSARTIG! LOS JETZT!
AM NÄCHSTEN MORGEN ...
SO, KORPORAL, SIND WIR BEREIT FÜR DEN KATAPULTANGRIFF?
ABER SICHER, EURE SCHWEINIGKEIT!
?!

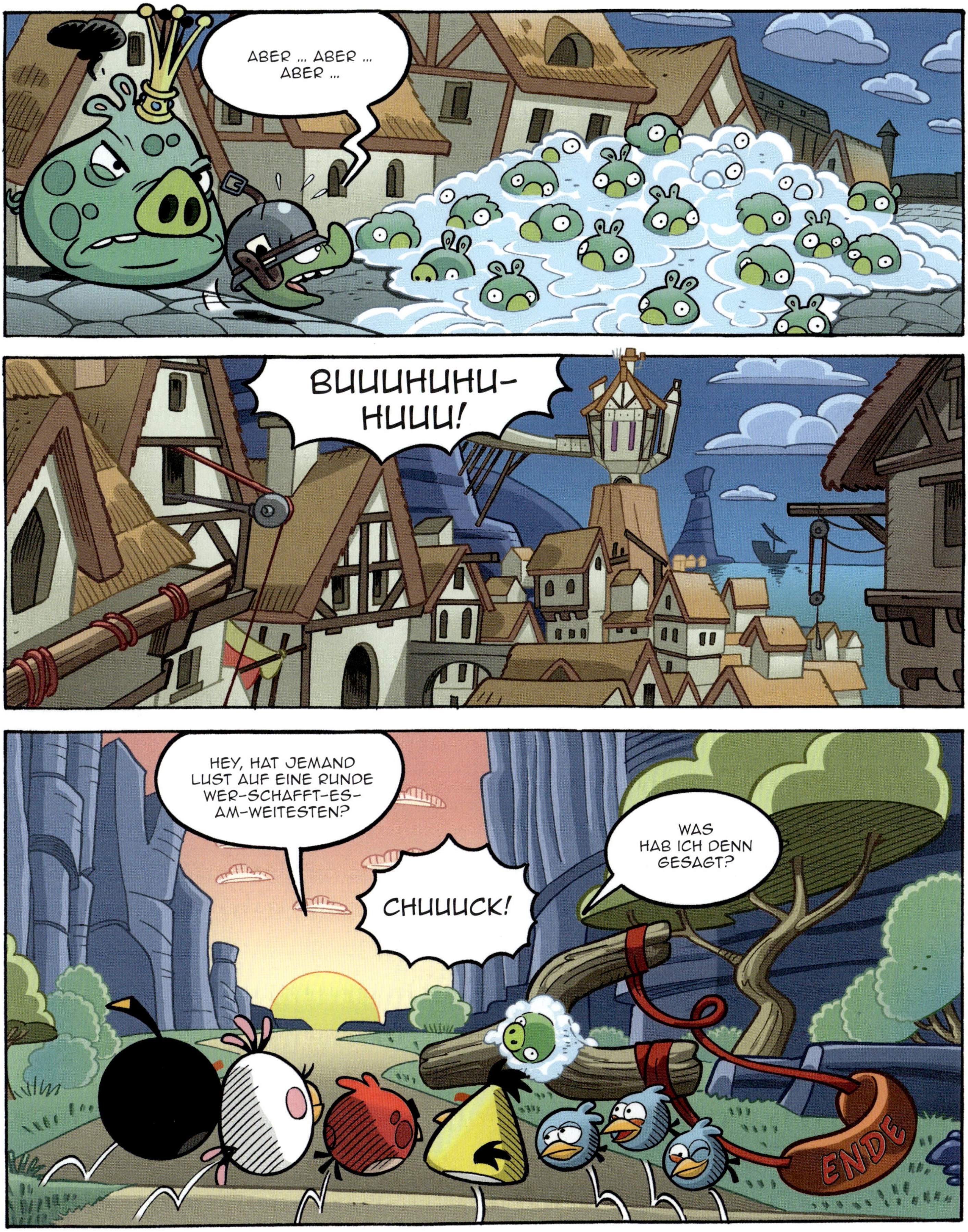
ABER ... ABER ... ABER ...
BUUUHUHU-HUUU!
HEY, HAT JEMAND LUST AUF EINE RUNDE WER-SCHAFFT-ES-AM-WEITESTEN?
CHUUUCK!
WAS HAB ICH DENN GESAGT?
ENDE

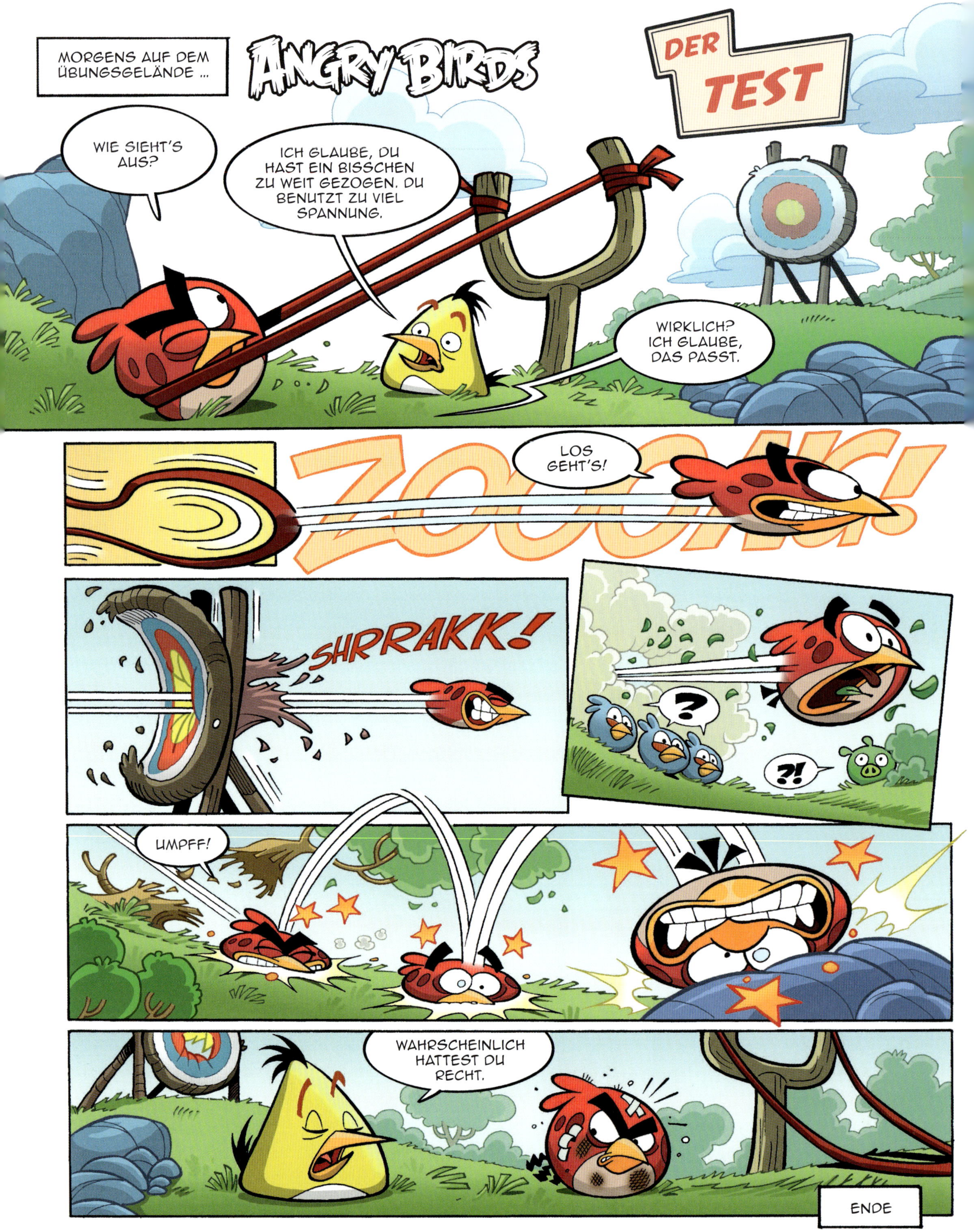

TEXT: PAUL TOBIN, ZEICHNUNGEN: OSCAR MARTIN, FARBEN: DIGIKORE

Das Sicherste Haus!

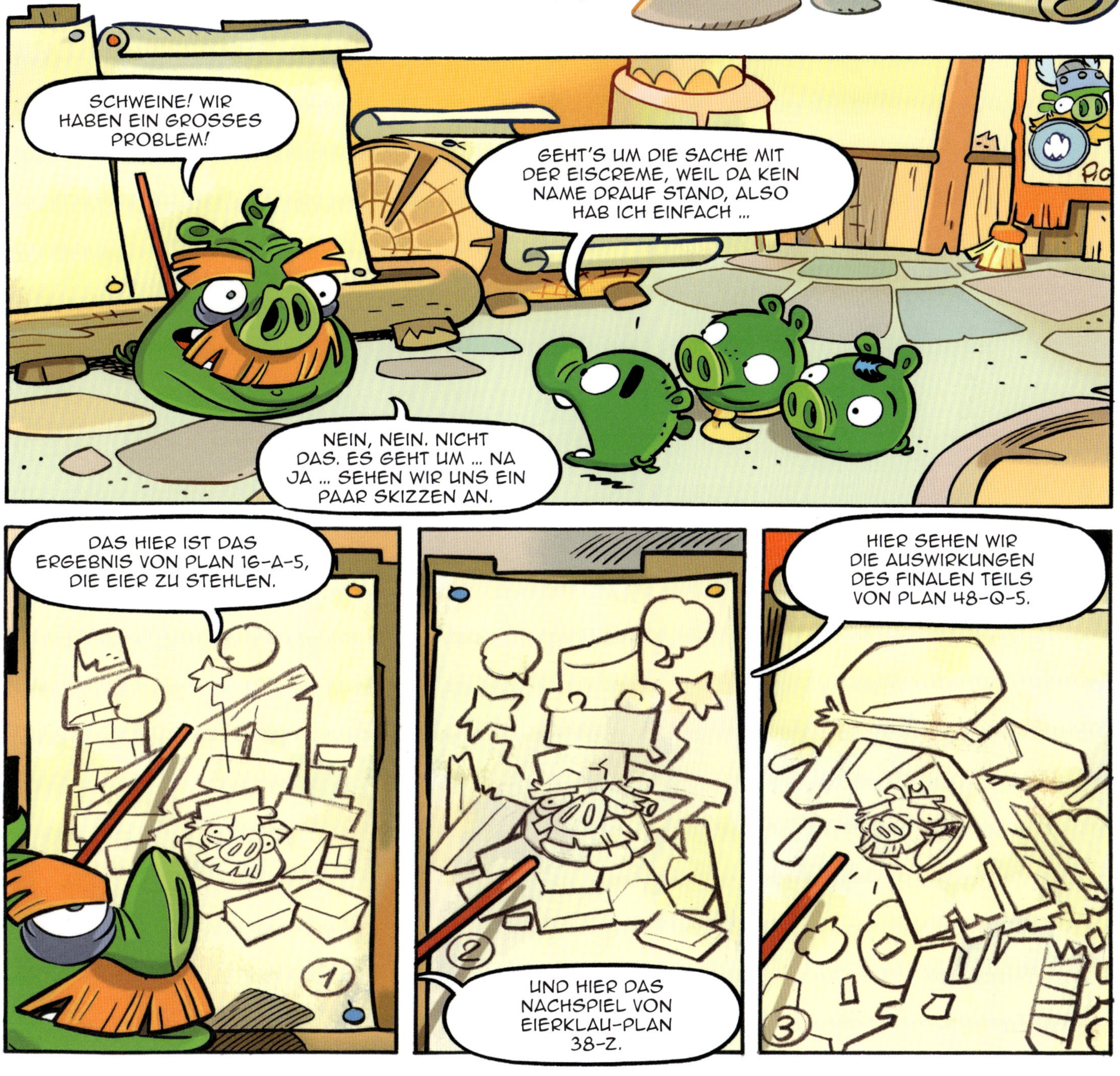

TEXT: PAUL TOBIN, ZEICHNUNGEN UND FARBEN: STEFANO INTINI

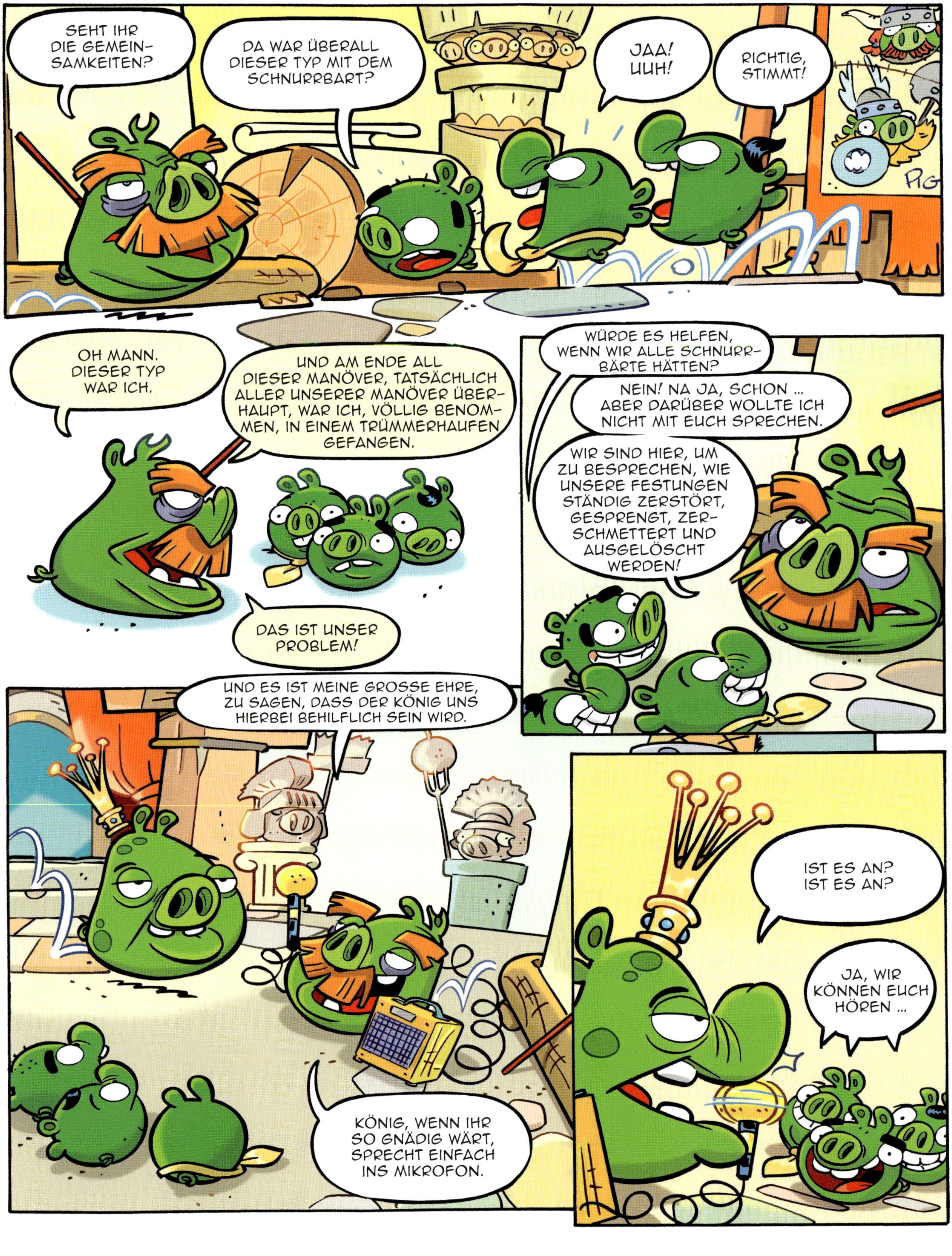
SEHT IHR DIE GEMEIN-SAMKEITEN?
DA WAR ÜBERALL DIESER TYP MIT DEM SCHNURRBART?
JAA! UUH!
RICHTIG, STIMMT!
OH MANN. DIESER TYP WAR ICH.
UND AM ENDE ALL DIESER MANÖVER, TATSÄCHLICH ALLER UNSERER MANÖVER ÜBER-HAUPT, WAR ICH, VÖLLIG BENOM-MEN, IN EINEM TRÜMMERHAUFEN GEFANGEN.
DAS IST UNSER PROBLEM!
WÜRDE ES HELFEN, WENN WIR ALLE SCHNURR-BÄRTE HÄTTEN?
NEIN! NA JA, SCHON ... ABER DARÜBER WOLLTE ICH NICHT MIT EUCH SPRECHEN.
WIR SIND HIER, UM ZU BESPRECHEN, WIE UNSERE FESTUNGEN STÄNDIG ZERSTÖRT, GESPRENGT, ZER-SCHMETTERT UND AUSGELÖSCHT WERDEN!
UND ES IST MEINE GROSSE EHRE, ZU SAGEN, DASS DER KÖNIG UNS HIERBEI BEHILFLICH SEIN WIRD.
KÖNIG, WENN IHR SO GNÄDIG WÄRT, SPRECHT EINFACH INS MIKROFON.
IST ES AN? IST ES AN?
JA, WIR KÖNNEN EUCH HÖREN ...

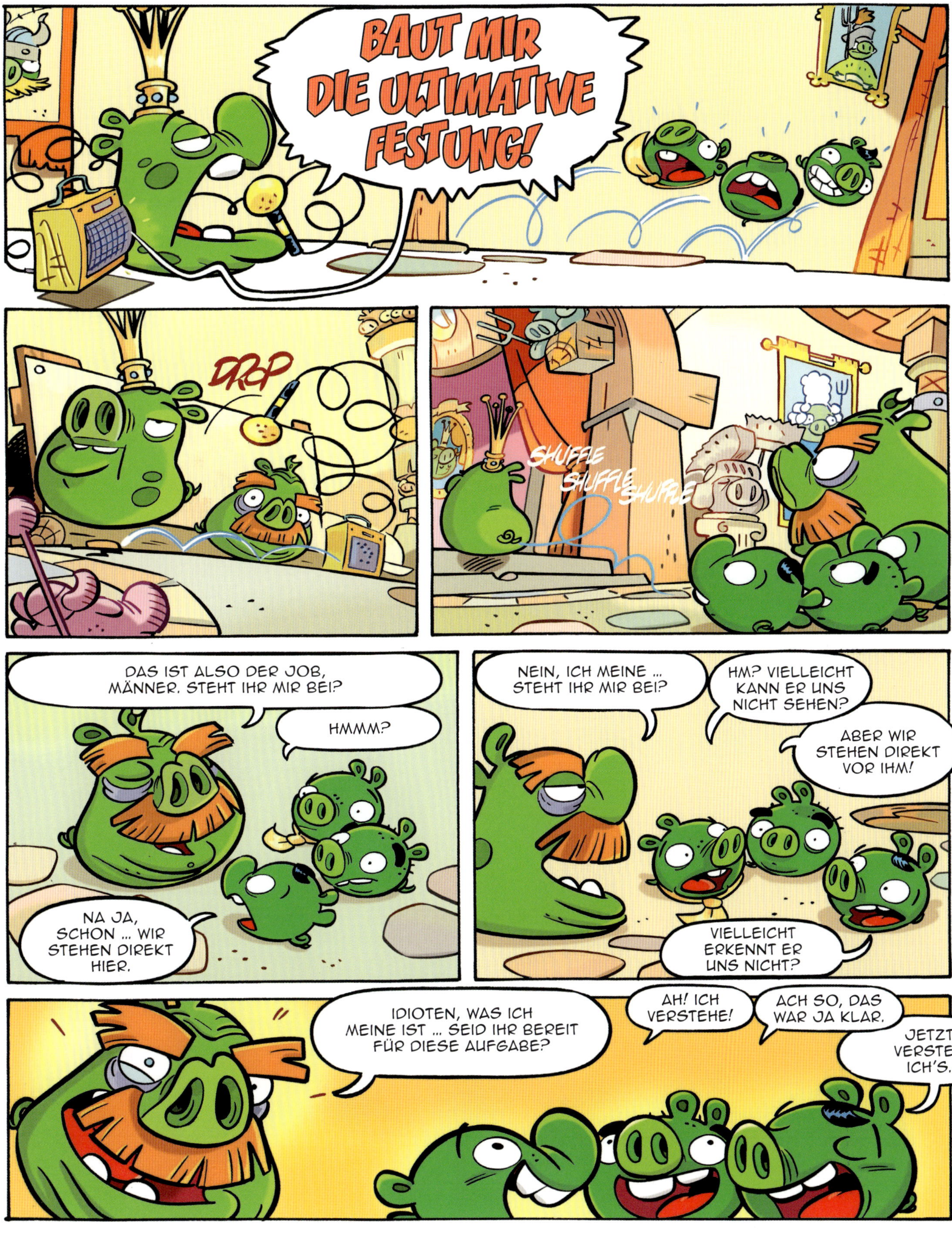
BAUT MIR DIE ULTIMATIVE FESTUNG!
DROP
SHUFFLE SHUFFLE SHUFFLE
DAS IST ALSO DER JOB, MÄNNER. STEHT IHR MIR BEI?
HMMM?
NA JA, SCHON ... WIR STEHEN DIREKT HIER.
NEIN, ICH MEINE ... STEHT IHR MIR BEI?
HM? VIELLEICHT KANN ER UNS NICHT SEHEN?
ABER WIR STEHEN DIREKT VOR IHM!
VIELLEICHT ERKENNT ER UNS NICHT?
IDIOTEN, WAS ICH MEINE IST ... SEID IHR BEREIT FÜR DIESE AUFGABE?
AH! ICH VERSTEHE!
ACH SO, DAS WAR JA KLAR.
JETZT VERSTEH ICH'S.

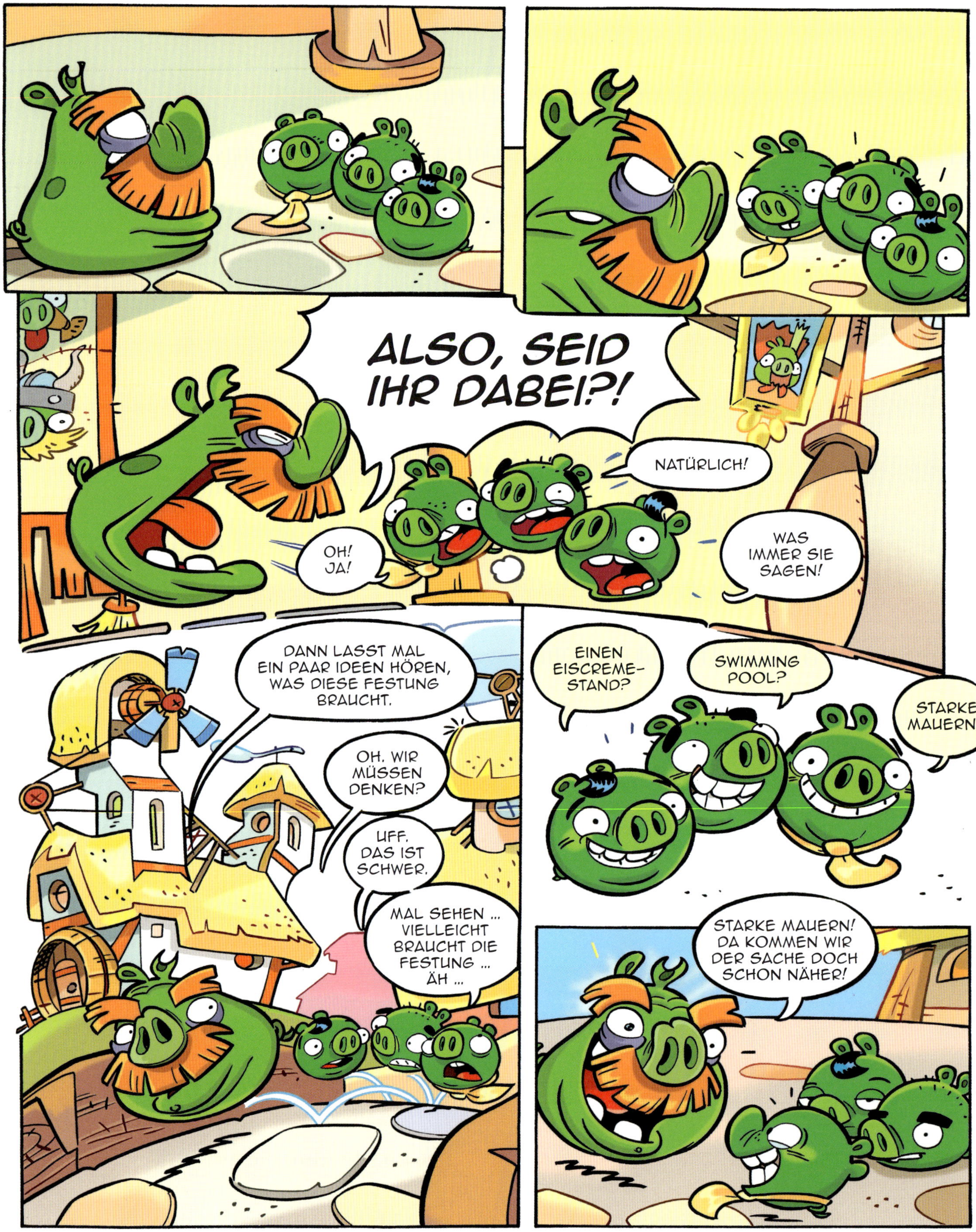
ALSO, SEID IHR DABEI?!
OH! JA!
NATÜRLICH!
WAS IMMER SIE SAGEN!
DANN LASST MAL EIN PAAR IDEEN HÖREN, WAS DIESE FESTUNG BRAUCHT.
OH. WIR MÜSSEN DENKEN?
UFF. DAS IST SCHWER.
MAL SEHEN ... VIELLEICHT BRAUCHT DIE FESTUNG ... ÄH ...
EINEN EISCREME-STAND?
SWIMMING POOL?
STARKE MAUERN?
STARKE MAUERN! DA KOMMEN WIR DER SACHE DOCH SCHON NÄHER!

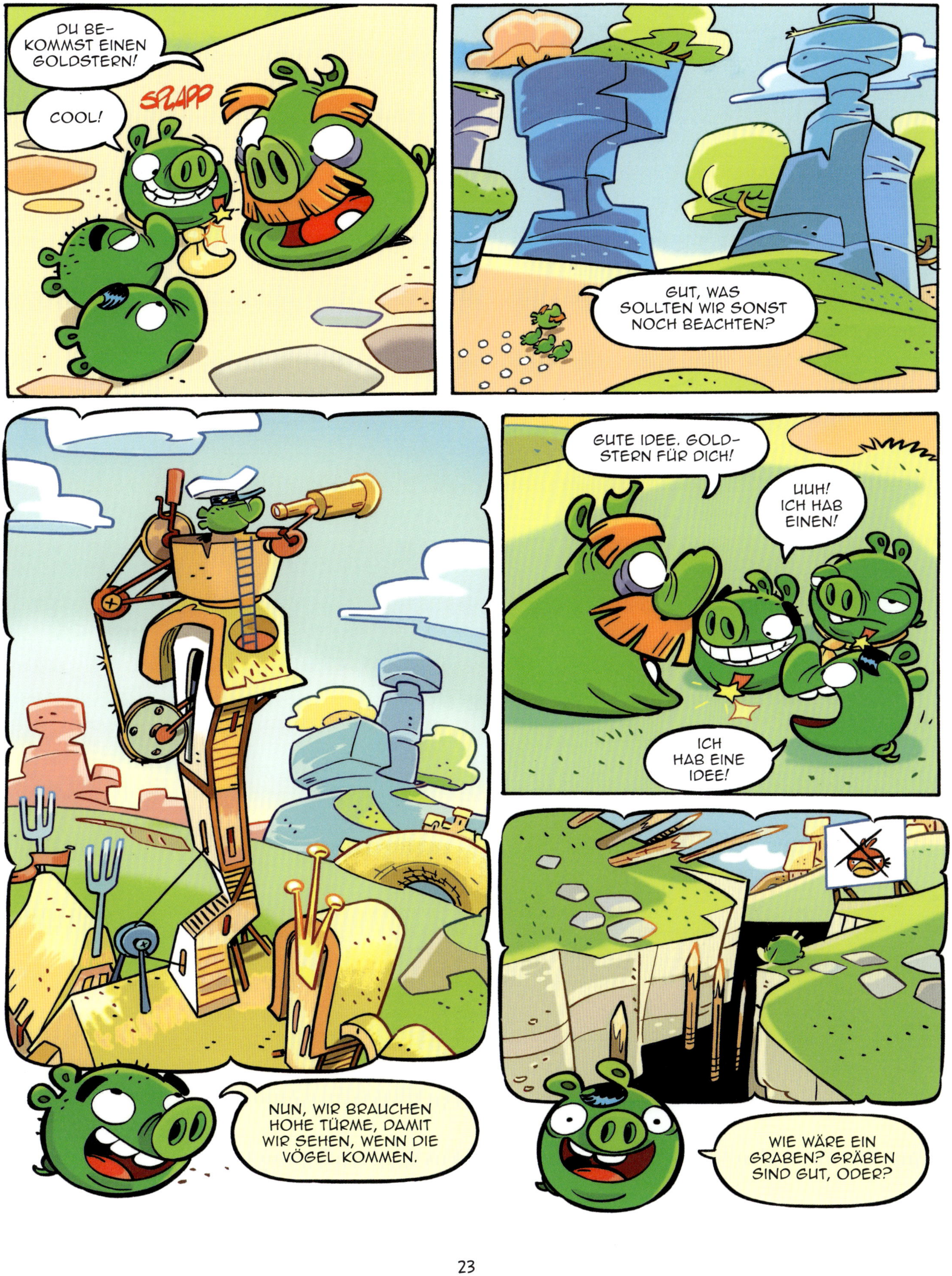
DU BEKOMMST EINEN GOLDSTERN!
SPAPP
COOL!
GUT, WAS SOLLTEN WIR SONST NOCH BEACHTEN?
NUN, WIR BRAUCHEN HOHE TÜRME, DAMIT WIR SEHEN, WENN DIE VÖGEL KOMMEN.
GUTE IDEE. GOLDSTERN FÜR DICH!
UUH! ICH HAB EINEN!
ICH HAB EINE IDEE!
WIE WÄRE EIN GRABEN? GRÄBEN SIND GUT, ODER?

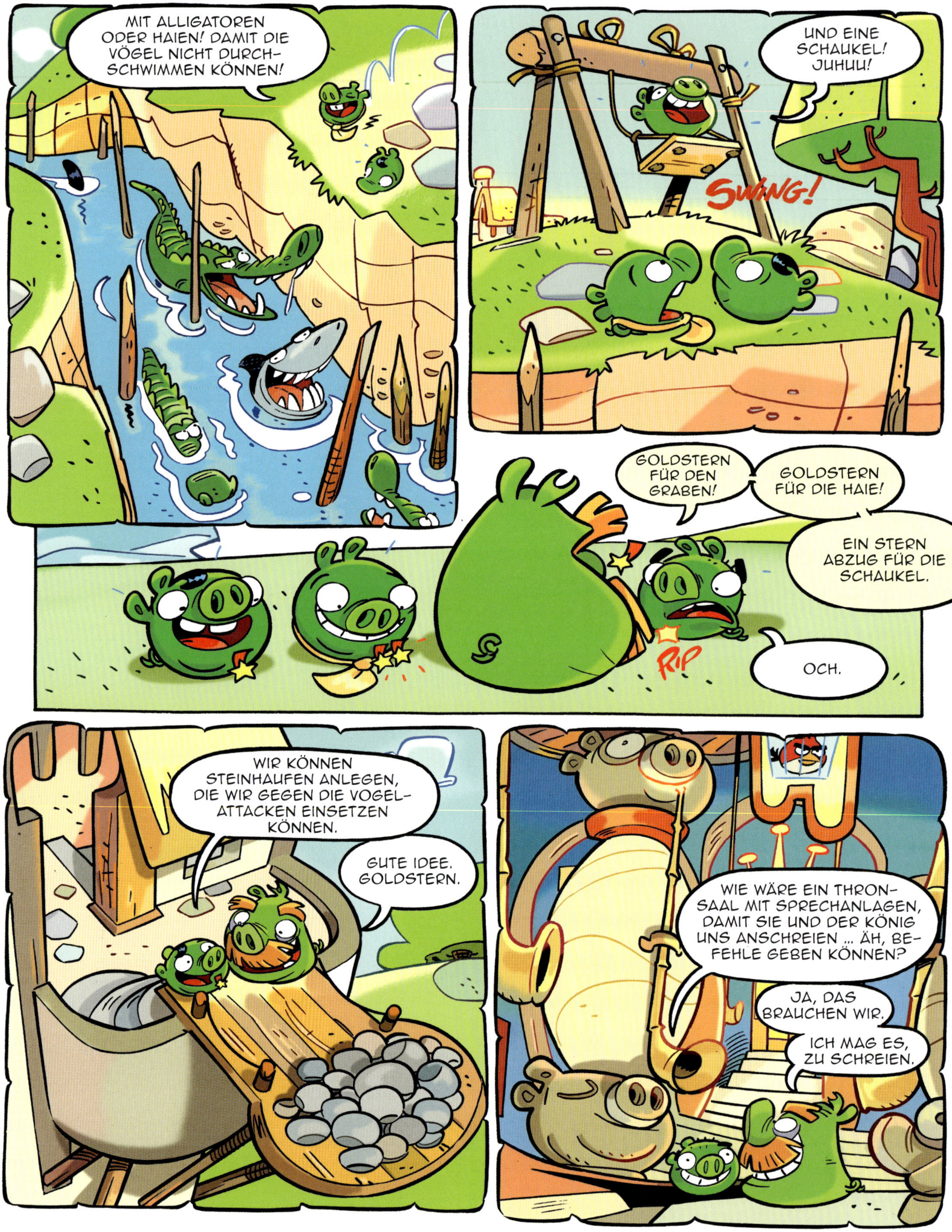
MIT ALLIGATOREN ODER HAIEN! DAMIT DIE VÖGEL NICHT DURCH-SCHWIMMEN KÖNNEN!
UND EINE SCHAUKEL! JUHUU!
SWING!
GOLDSTERN FÜR DEN GRABEN!
GOLDSTERN FÜR DIE HAIE!
EIN STERN ABZUG FÜR DIE SCHAUKEL.
RIP
OCH.
WIR KÖNNEN STEINHAUFEN ANLEGEN, DIE WIR GEGEN DIE VOGEL-ATTACKEN EINSETZEN KÖNNEN.
GUTE IDEE. GOLDSTERN.
WIE WÄRE EIN THRON-SAAL MIT SPRECHANLAGEN, DAMIT SIE UND DER KÖNIG UNS ANSCHREIEN ... ÄH, BE-FEHLE GEBEN KÖNNEN?
JA, DAS BRAUCHEN WIR.
ICH MAG ES, ZU SCHREIEN.

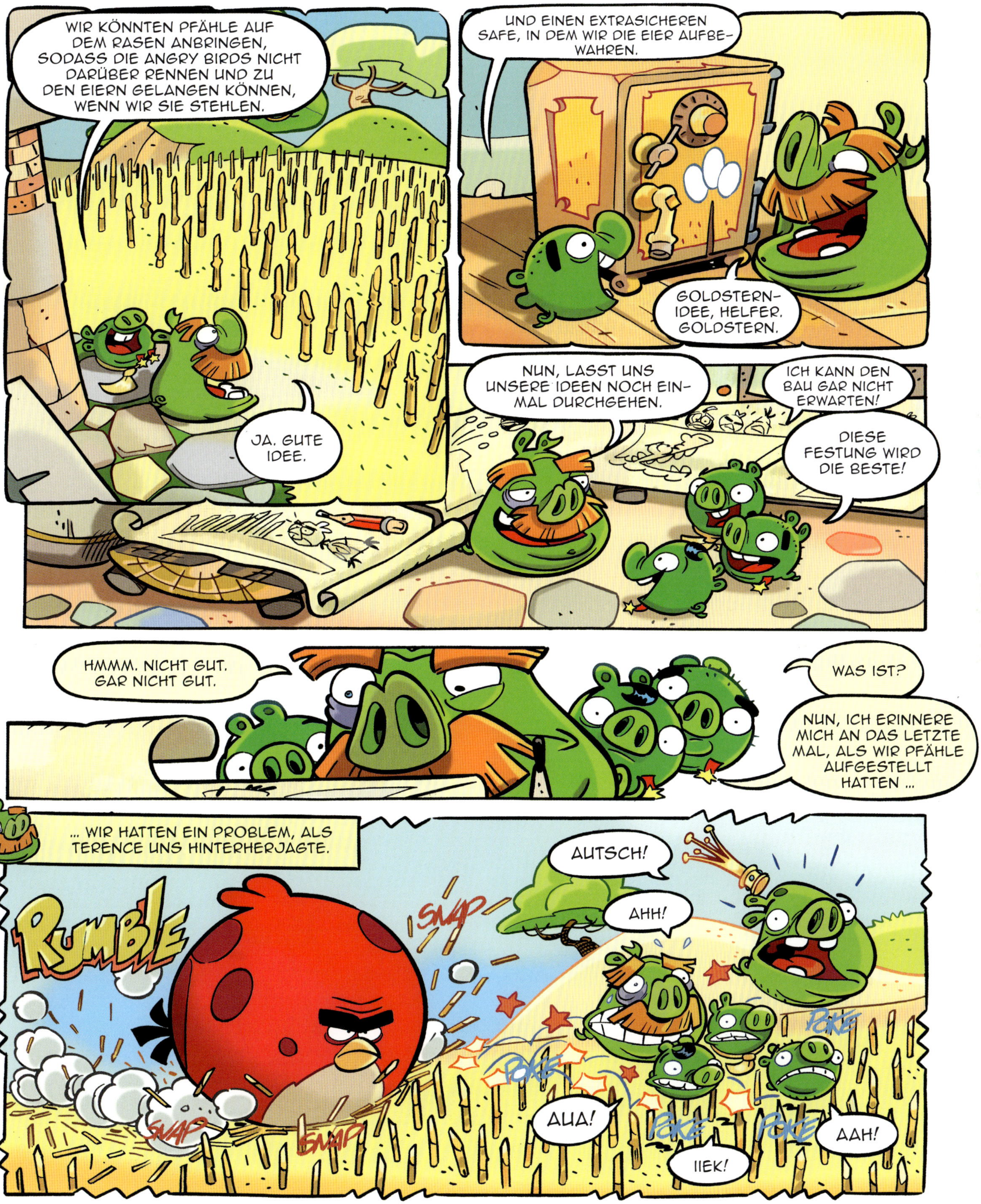
WIR KÖNNTEN PFÄHLE AUF DEM RASEN ANBRINGEN, SODASS DIE ANGRY BIRDS NICHT DARÜBER RENNEN UND ZU DEN EIERN GELANGEN KÖNNEN, WENN WIR SIE STEHLEN.
JA. GUTE IDEE.
UND EINEN EXTRASICHEREN SAFE, IN DEM WIR DIE EIER AUFBEWAHREN.
GOLDSTERN-IDEE, HELFER. GOLDSTERN.
NUN, LASST UNS UNSERE IDEEN NOCH EINMAL DURCHGEHEN.
ICH KANN DEN BAU GAR NICHT ERWARTEN!
DIESE FESTUNG WIRD DIE BESTE!
HMMM. NICHT GUT. GAR NICHT GUT.
WAS IST?
NUN, ICH ERINNERE MICH AN DAS LETZTE MAL, ALS WIR PFÄHLE AUFGESTELLT HATTEN ...
... WIR HATTEN EIN PROBLEM, ALS TERENCE UNS HINTERHERJAGTE.
RUMBLE
AUTSCH!
AHH!
SNAP
POKE
AUA!
IIEK!
AAH!

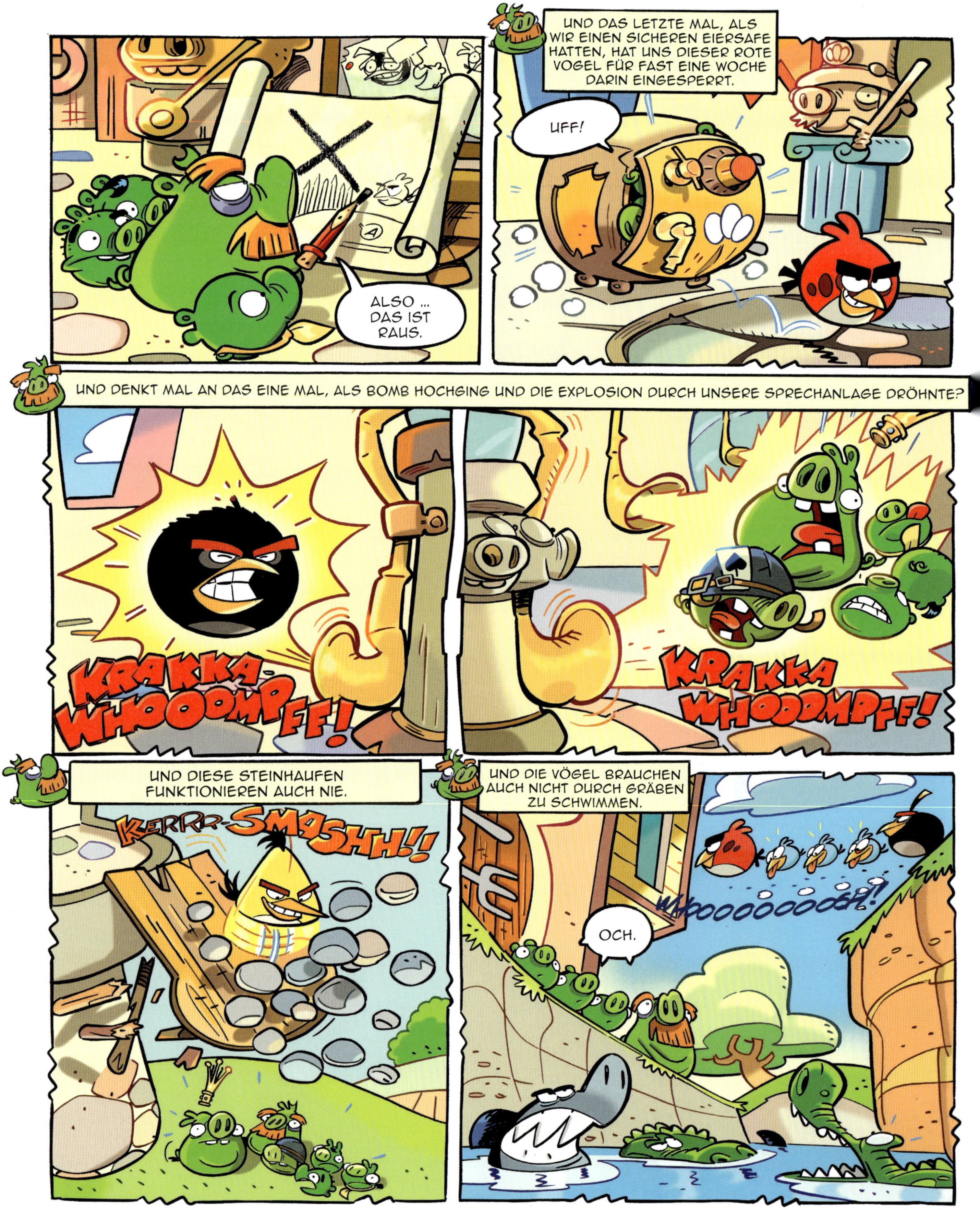
ALSO ... DAS IST RAUS.
UND DAS LETZTE MAL, ALS WIR EINEN SICHEREN EIERSAFE HATTEN, HAT UNS DIESER ROTE VOGEL FÜR FAST EINE WOCHE DARIN EINGESPERRT.
UFF!
UND DENKT MAL AN DAS EINE MAL, ALS BOMB HOCHGING UND DIE EXPLOSION DURCH UNSERE SPRECHANLAGE DRÖHNTE?
KRAKKA-WHOOOMPFF!
KRAKKA WHOOOMPFF!
UND DIESE STEINHAUFEN FUNKTIONIEREN AUCH NIE.
KERRR-SMASHH!!
UND DIE VÖGEL BRAUCHEN AUCH NICHT DURCH GRÄBEN ZU SCHWIMMEN.
WHOOOOOOOOOSH!
OCH.

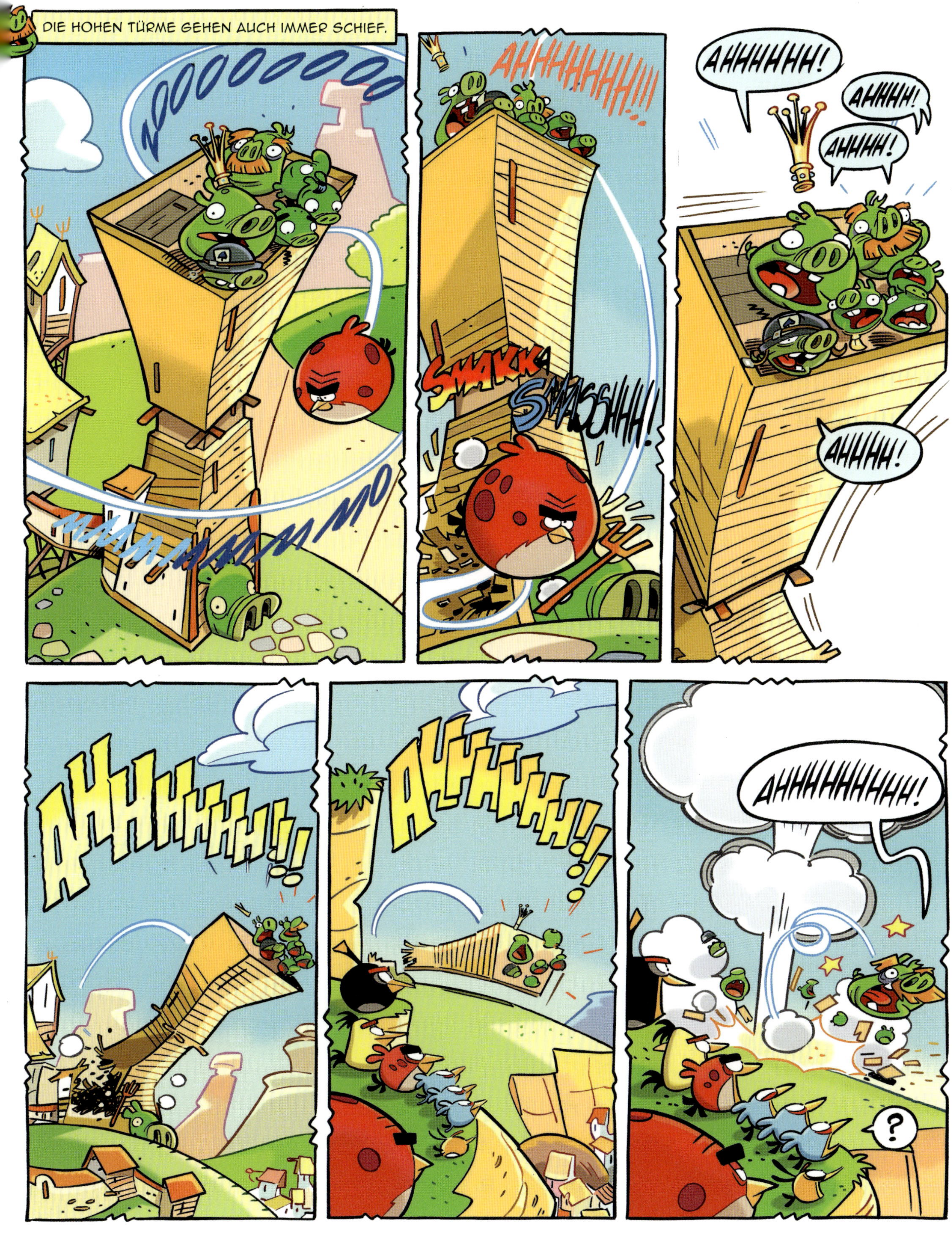

DIE HOHEN TÜRME GEHEN AUCH IMMER SCHIEF.
ZOOOOOOOOO
MMMMMMMMMMMO
AHHHHHHHH!!!
SMAKK
SWOOSHHH!
AHHHHHH!
AHHHH!
AHHHH!
AHHHH!
AHHHHHHH!!!
AHHHHHHH!!!
AHHHHHHHHH!
?

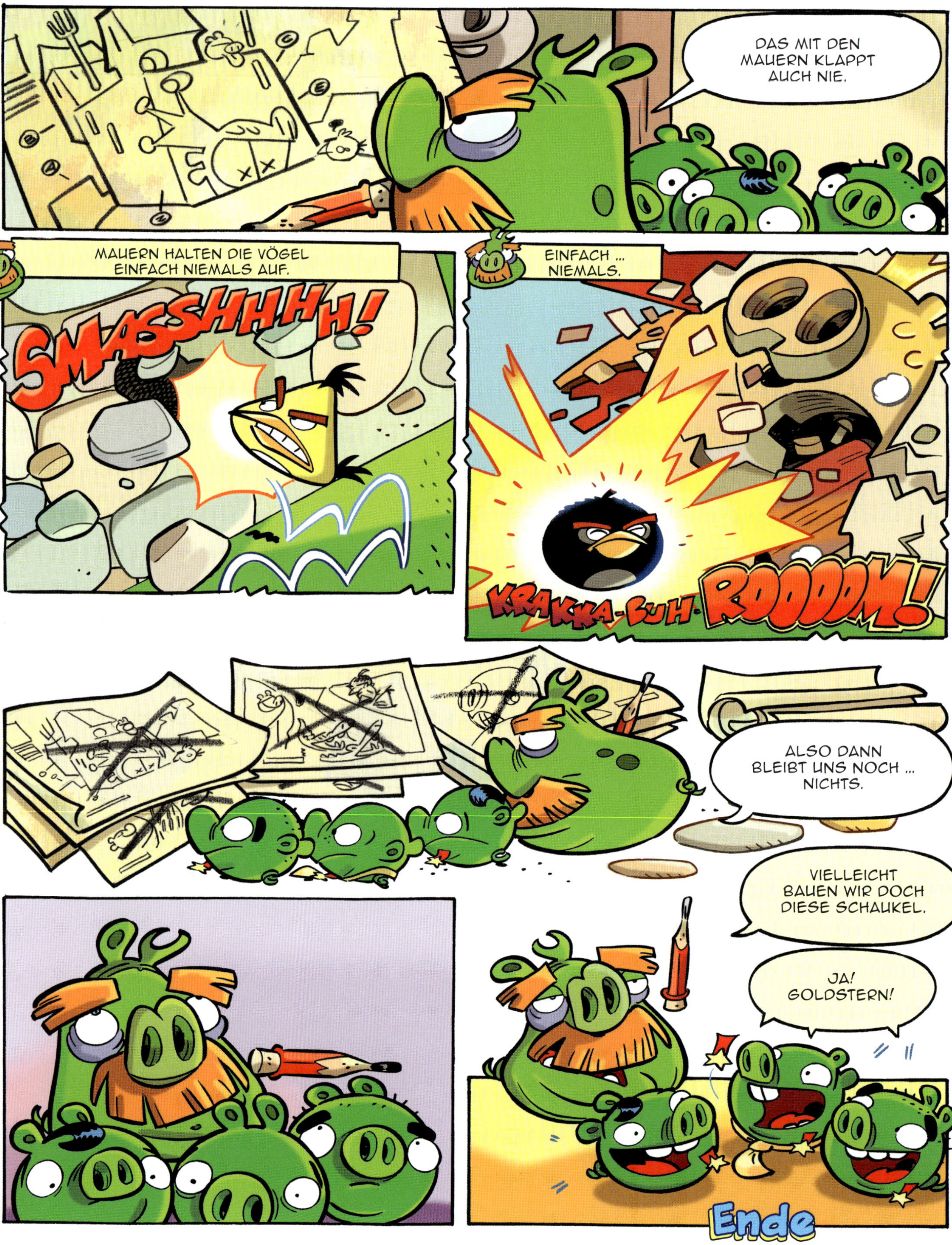
DAS MIT DEN MAUERN KLAPPT AUCH NIE.
MAUERN HALTEN DIE VÖGEL EINFACH NIEMALS AUF.
SMASSHHHHH!
EINFACH ... NIEMALS.
KRAKKA-BUH-ROOOOOM!
ALSO DANN BLEIBT UNS NOCH ... NICHTS.
VIELLEICHT BAUEN WIR DOCH DIESE SCHAUKEL.
JA! GOLDSTERN!
Ende

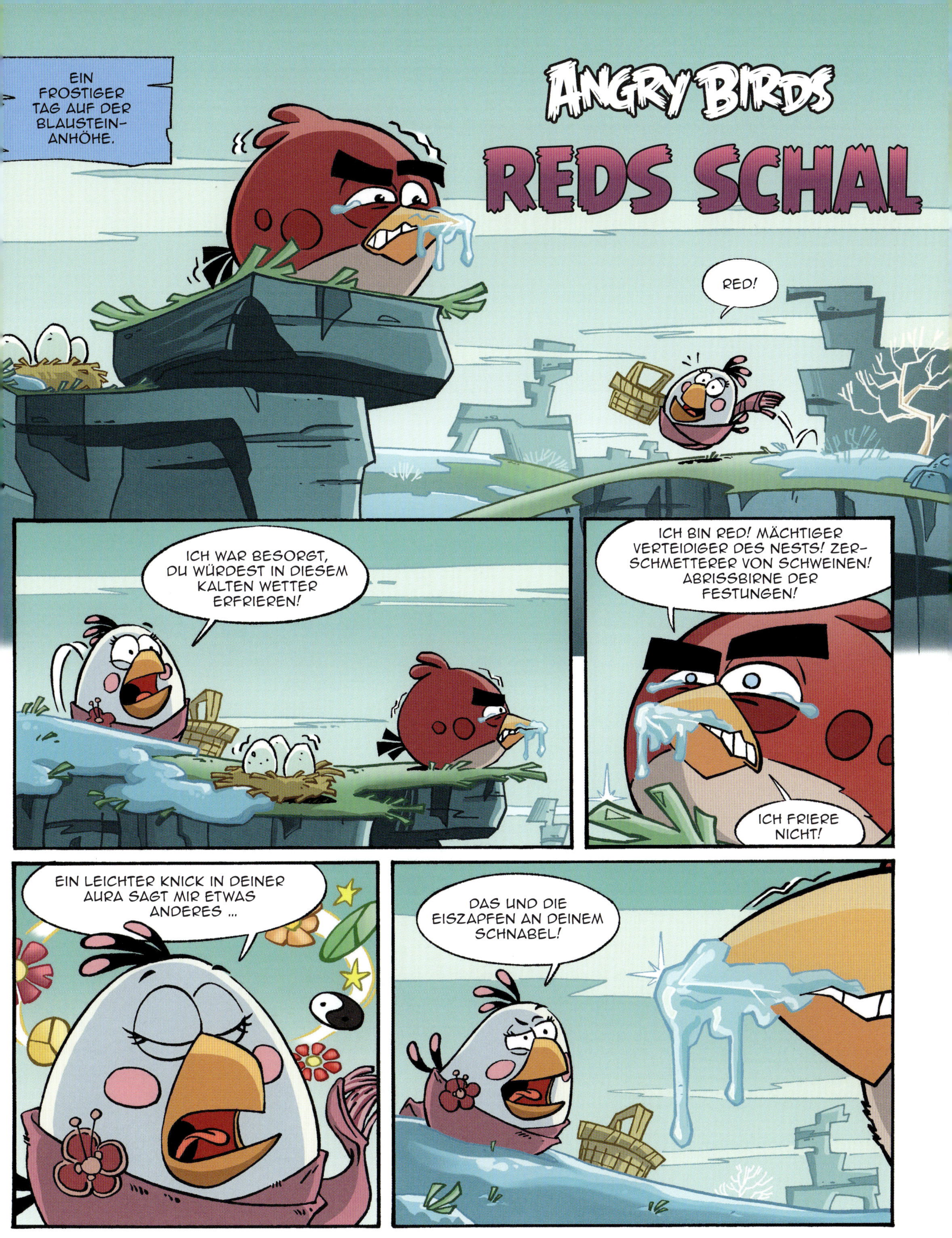

TEXT: IAN CARNEY, ZEICHNUNGEN: JEAN-MICHAEL BOESCH, FARBEN: DIGIKORE

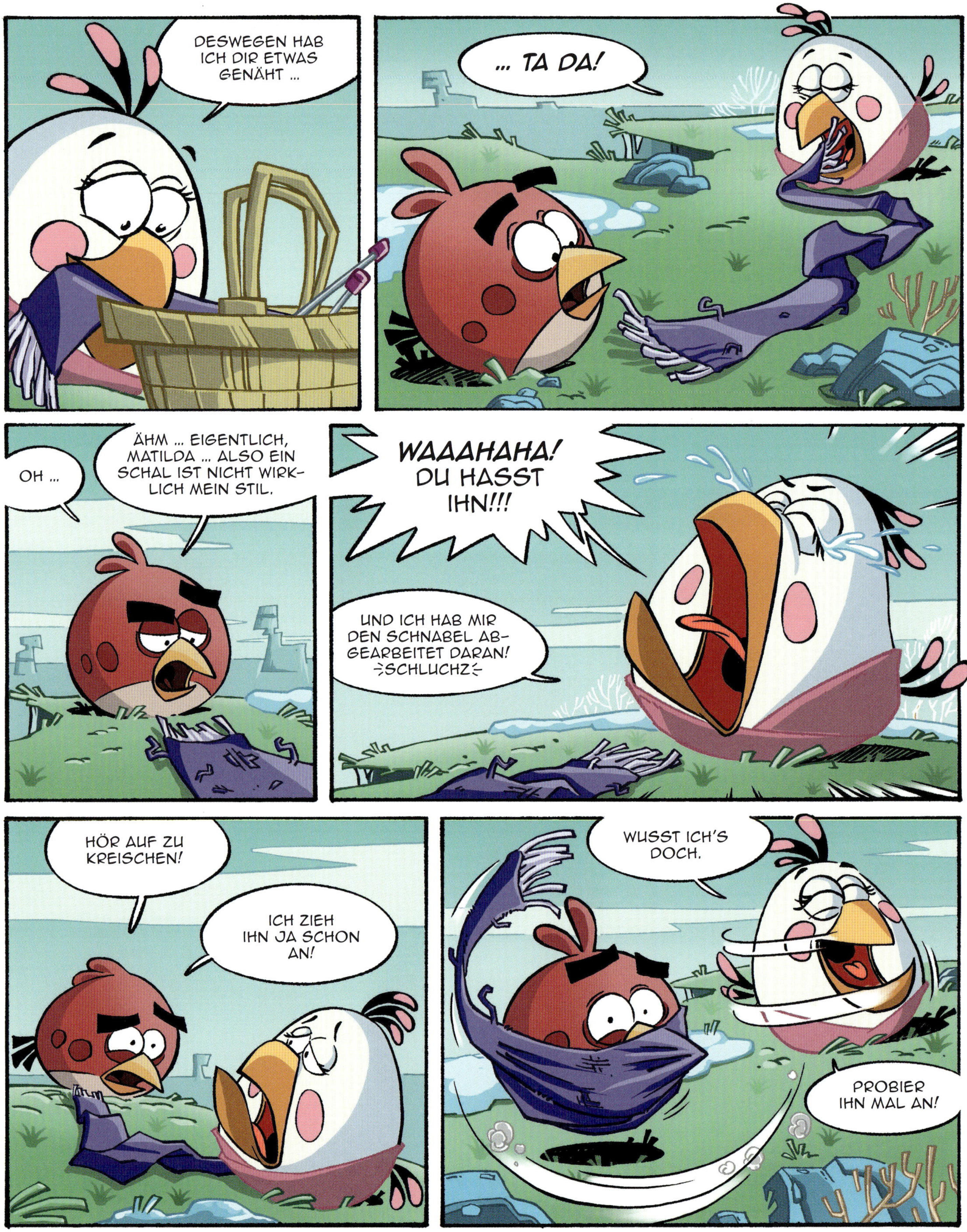
DESWEGEN HAB ICH DIR ETWAS GENÄHT ...
... TA DA!
OH ...
ÄHM ... EIGENTLICH, MATILDA ... ALSO EIN SCHAL IST NICHT WIRKLICH MEIN STIL.
WAAAHAHA! DU HASST IHN!!!
UND ICH HAB MIR DEN SCHNABEL ABGEARBEITET DARAN! ⇒SCHLUCHZ⇐
HÖR AUF ZU KREISCHEN!
ICH ZIEH IHN JA SCHON AN!
WUSST ICH'S DOCH.
PROBIER IHN MAL AN!

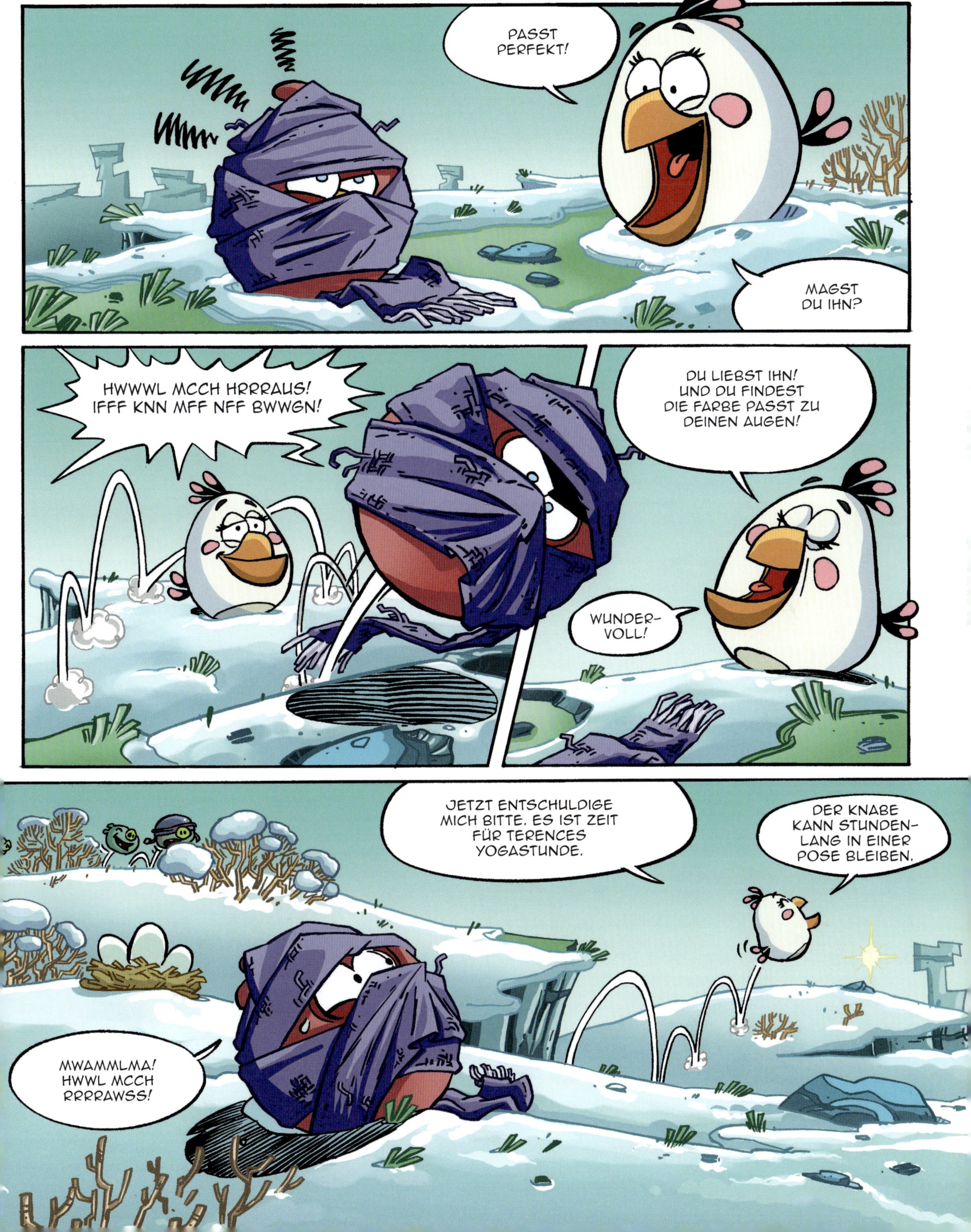
PASST PERFEKT!
MAGST DU IHN?
HWWWL MCCH HRRRAUS! IFFF KNN MFF NFF BWWGN!
DU LIEBST IHN! UND DU FINDEST DIE FARBE PASST ZU DEINEN AUGEN!
WUNDER-VOLL!
JETZT ENTSCHULDIGE MICH BITTE. ES IST ZEIT FÜR TERENCES YOGASTUNDE.
DER KNABE KANN STUNDEN-LANG IN EINER POSE BLEIBEN.
MWAMMLMA! HWWL MCCH RRRRAWSS!

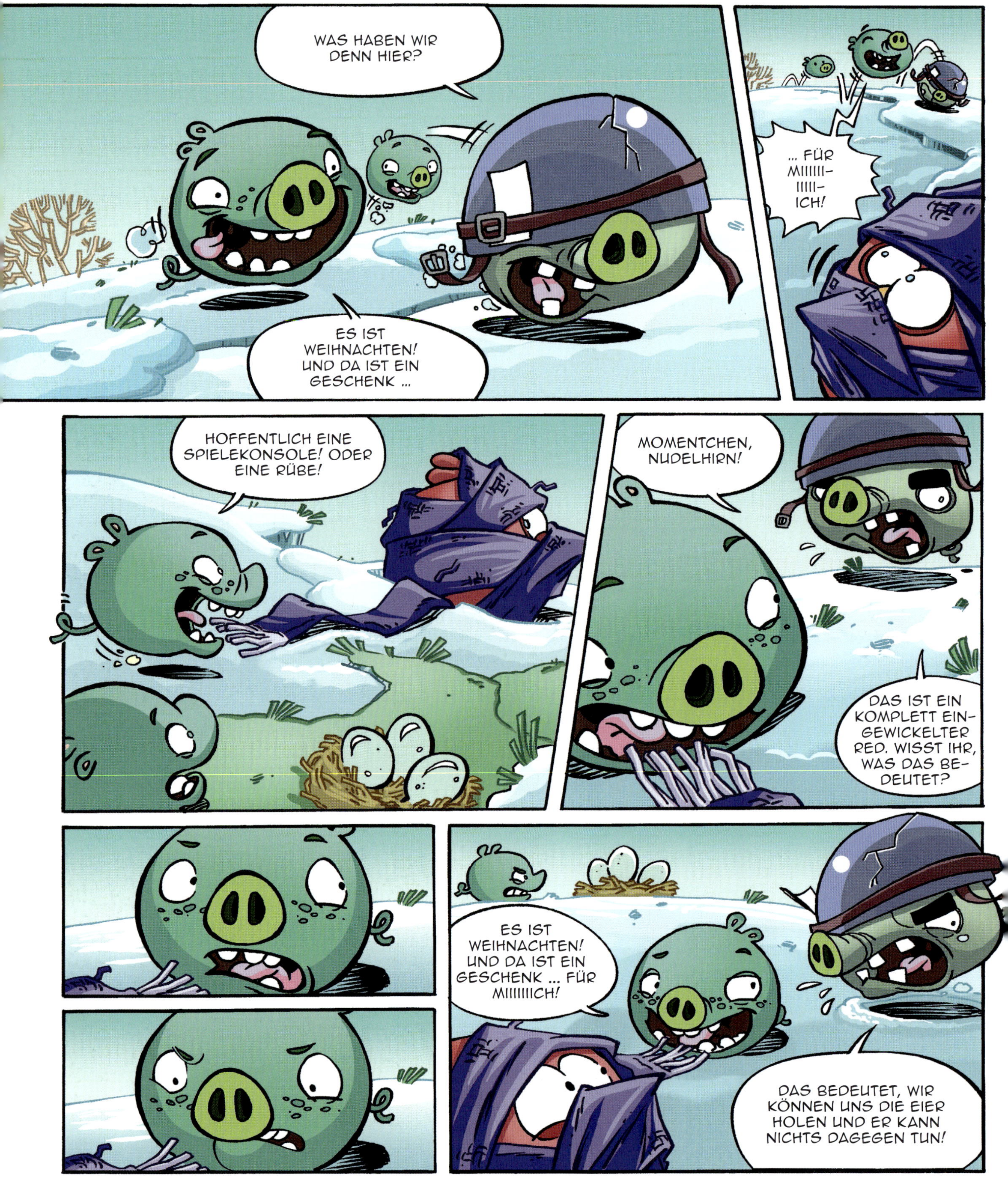
WAS HABEN WIR DENN HIER?
ES IST WEIHNACHTEN! UND DA IST EIN GESCHENK ...
... FÜR MIIIIII-IIIII-ICH!
HOFFENTLICH EINE SPIELEKONSOLE! ODER EINE RÜBE!
MOMENTCHEN, NUDELHIRN!
DAS IST EIN KOMPLETT EIN-GEWICKELTER RED. WISST IHR, WAS DAS BE-DEUTET?
ES IST WEIHNACHTEN! UND DA IST EIN GESCHENK ... FÜR MIIIIIIICH!
DAS BEDEUTET, WIR KÖNNEN UNS DIE EIER HOLEN UND ER KANN NICHTS DAGEGEN TUN!

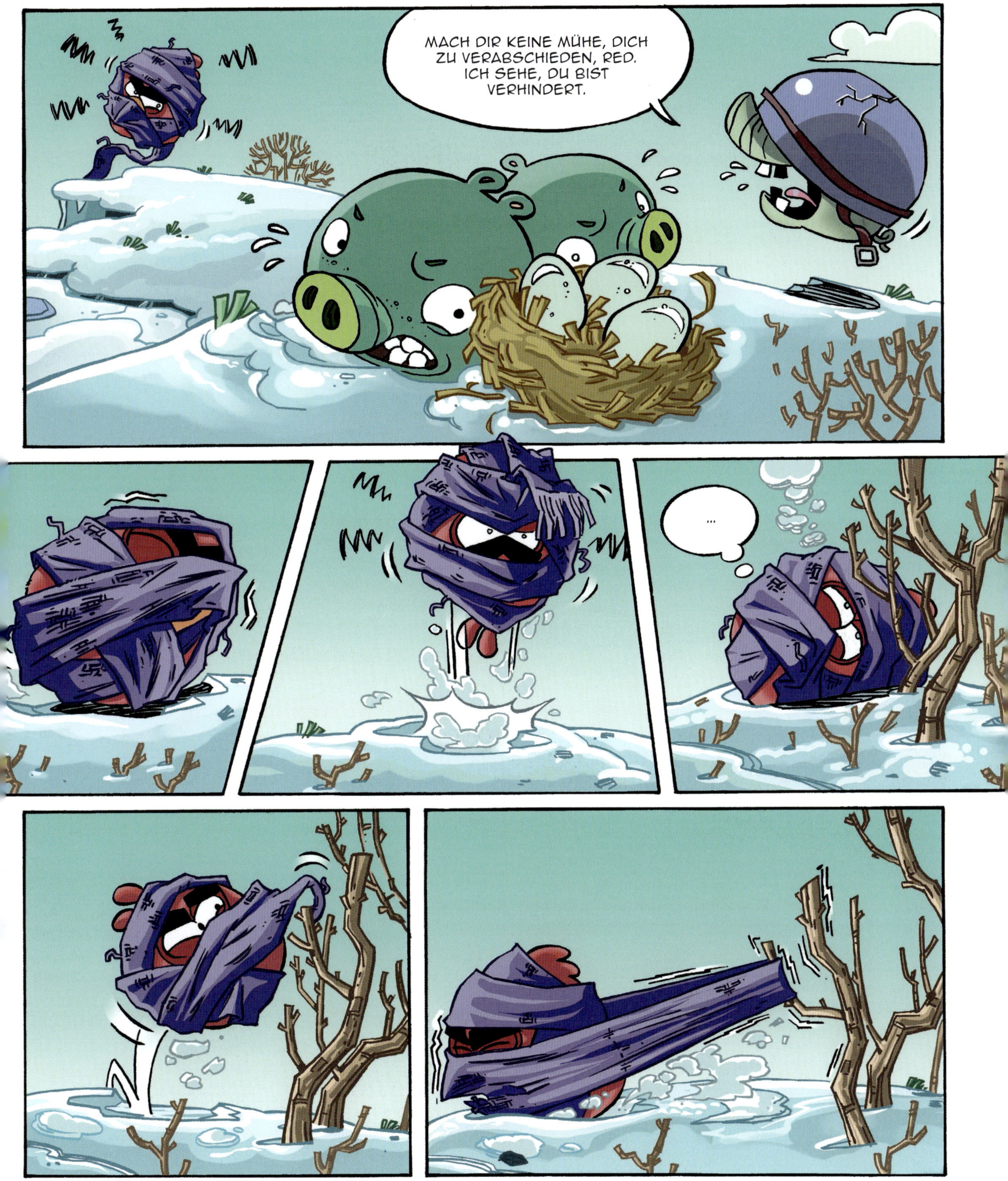
MACH DIR KEINE MÜHE, DICH ZU VERABSCHIEDEN, RED. ICH SEHE, DU BIST VERHINDERT.
...

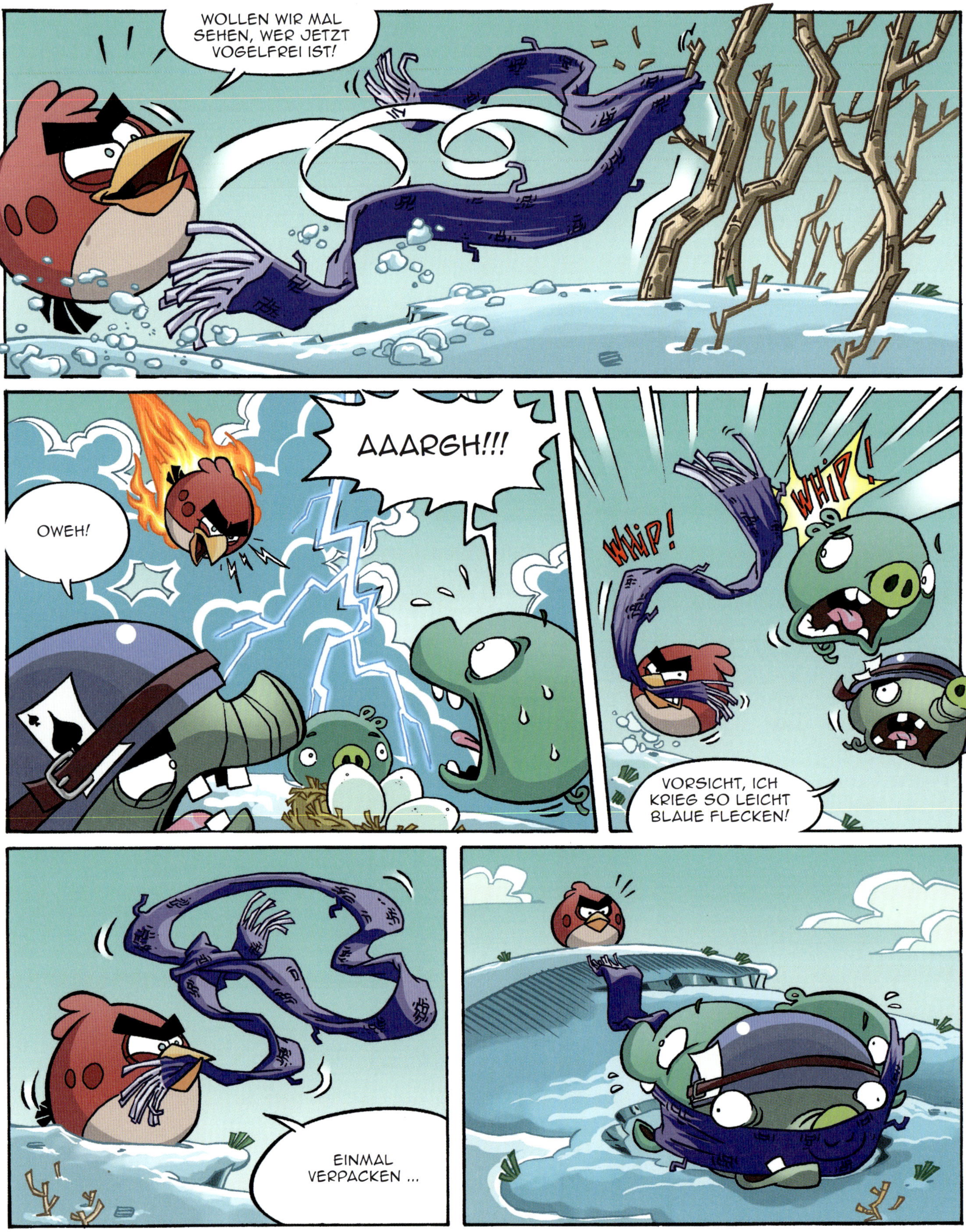
WOLLEN WIR MAL SEHEN, WER JETZT VOGELFREI IST!
OWEH!
AAARGH!!!
WHIP!
WHIP!
VORSICHT, ICH KRIEG SO LEICHT BLAUE FLECKEN!
EINMAL VERPACKEN ...

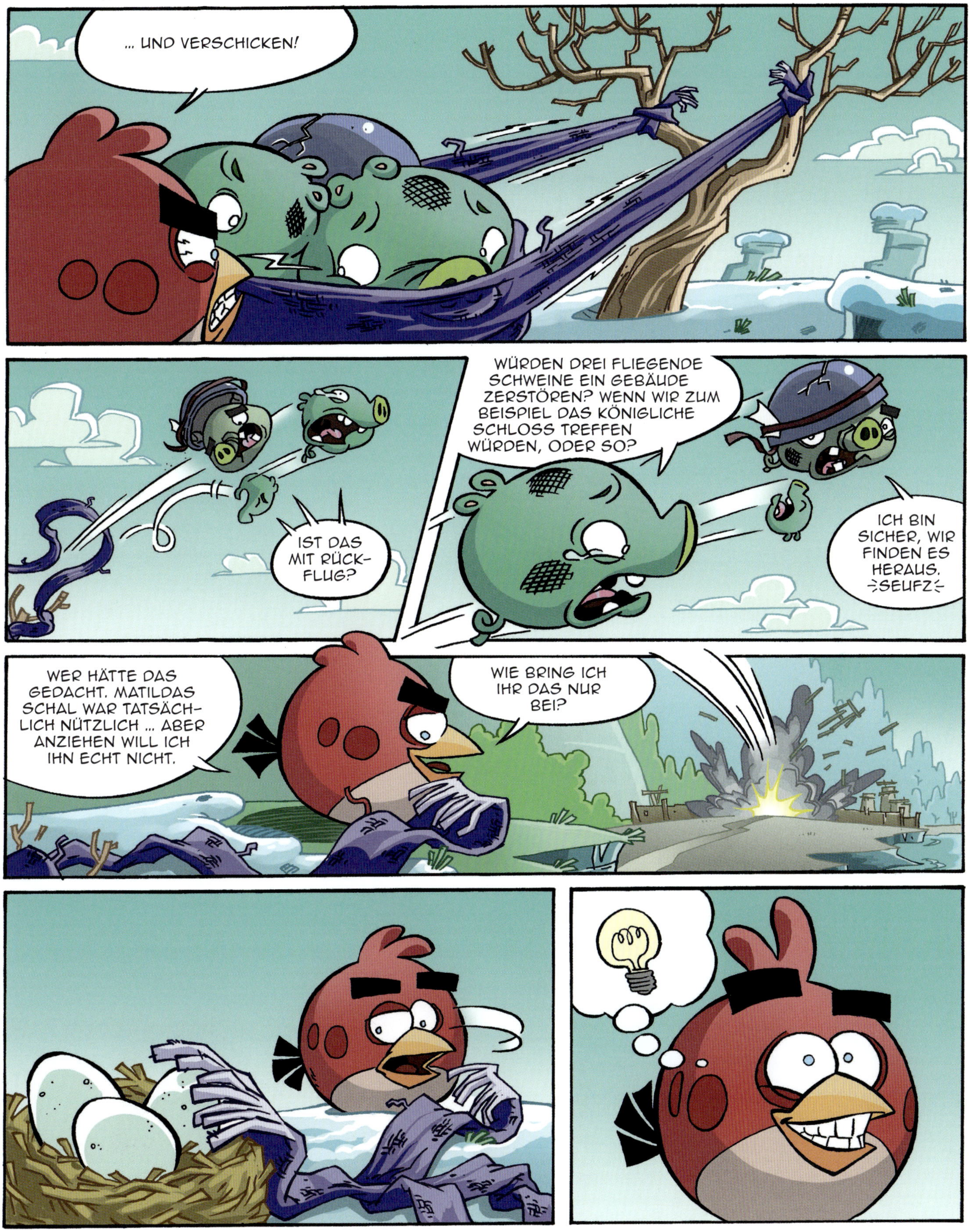
... UND VERSCHICKEN!
WÜRDEN DREI FLIEGENDE SCHWEINE EIN GEBÄUDE ZERSTÖREN? WENN WIR ZUM BEISPIEL DAS KÖNIGLICHE SCHLOSS TREFFEN WÜRDEN, ODER SO?
IST DAS MIT RÜCK-FLUG?
ICH BIN SICHER, WIR FINDEN ES HERAUS. -SEUFZ-
WER HÄTTE DAS GEDACHT. MATILDAS SCHAL WAR TATSÄCH-LICH NÜTZLICH ... ABER ANZIEHEN WILL ICH IHN ECHT NICHT.
WIE BRING ICH IHR DAS NUR BEI?

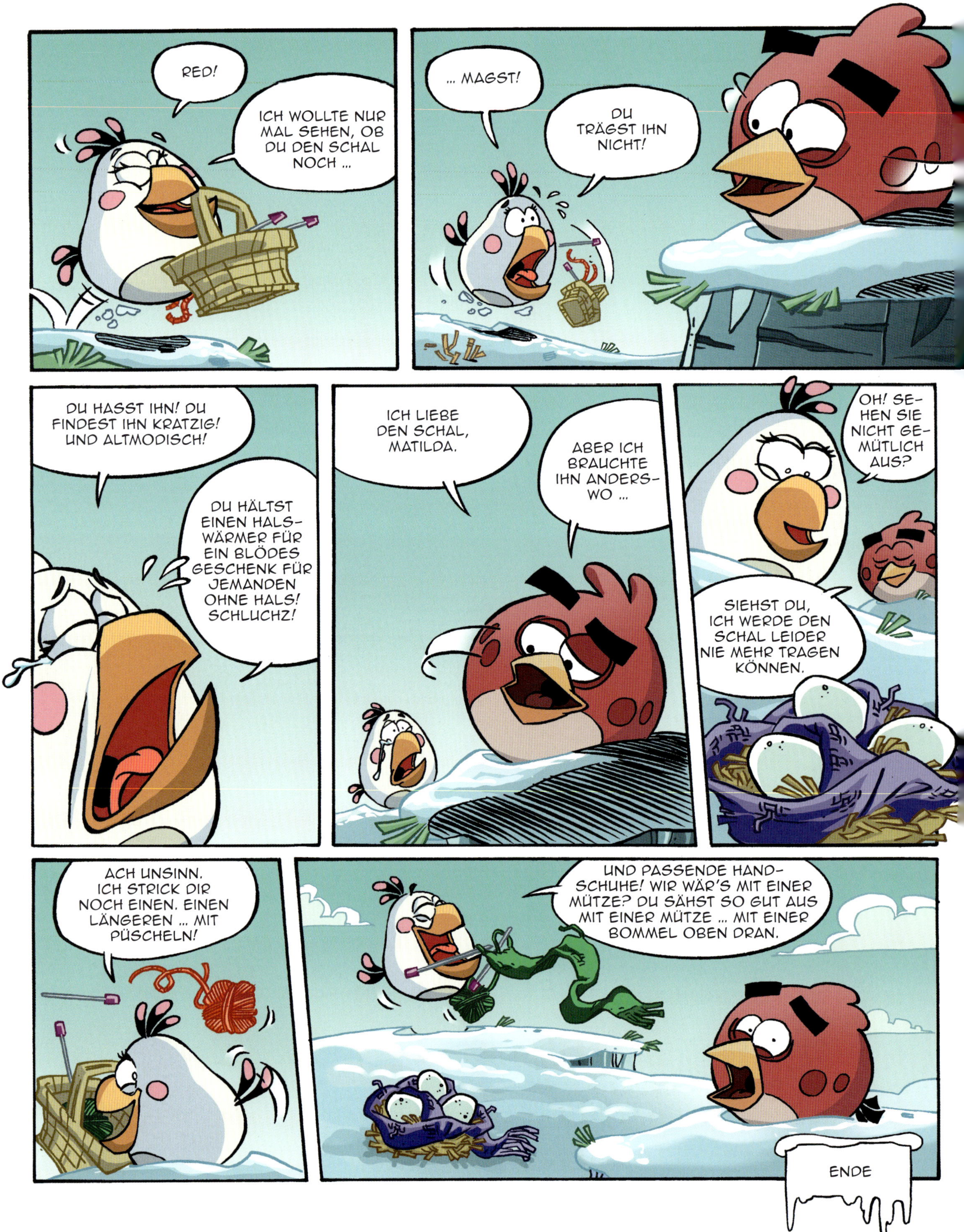
RED!
ICH WOLLTE NUR MAL SEHEN, OB DU DEN SCHAL NOCH ...
... MAGST!
DU TRÄGST IHN NICHT!
DU HASST IHN! DU FINDEST IHN KRATZIG! UND ALTMODISCH!
DU HÄLTST EINEN HALS-WÄRMER FÜR EIN BLÖDES GESCHENK FÜR JEMANDEN OHNE HALS! SCHLUCHZ!
ICH LIEBE DEN SCHAL, MATILDA.
ABER ICH BRAUCHTE IHN ANDERS-WO ...
OH! SE-HEN SIE NICHT GE-MÜTLICH AUS?
SIEHST DU, ICH WERDE DEN SCHAL LEIDER NIE MEHR TRAGEN KÖNNEN.
ACH UNSINN. ICH STRICK DIR NOCH EINEN. EINEN LÄNGEREN ... MIT PÜSCHELN!
UND PASSENDE HAND-SCHUHE! WIR WÄR'S MIT EINER MÜTZE? DU SÄHST SO GUT AUS MIT EINER MÜTZE ... MIT EINER BOMMEL OBEN DRAN.
ENDE

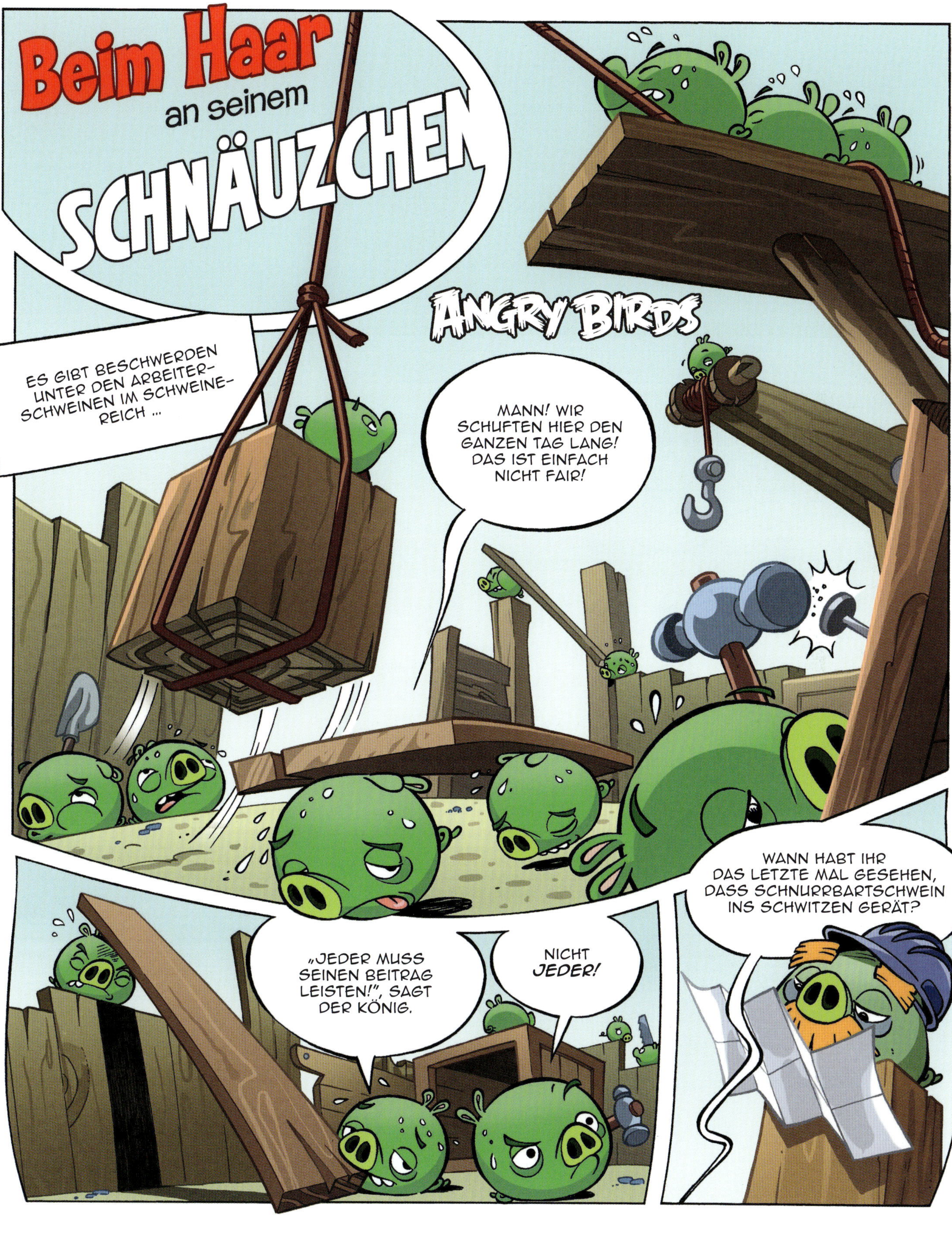

TEXT: KARI KORHONEN, ZEICHNUNGEN: PACO RODRIQUES, FARBEN: DIGIKORE

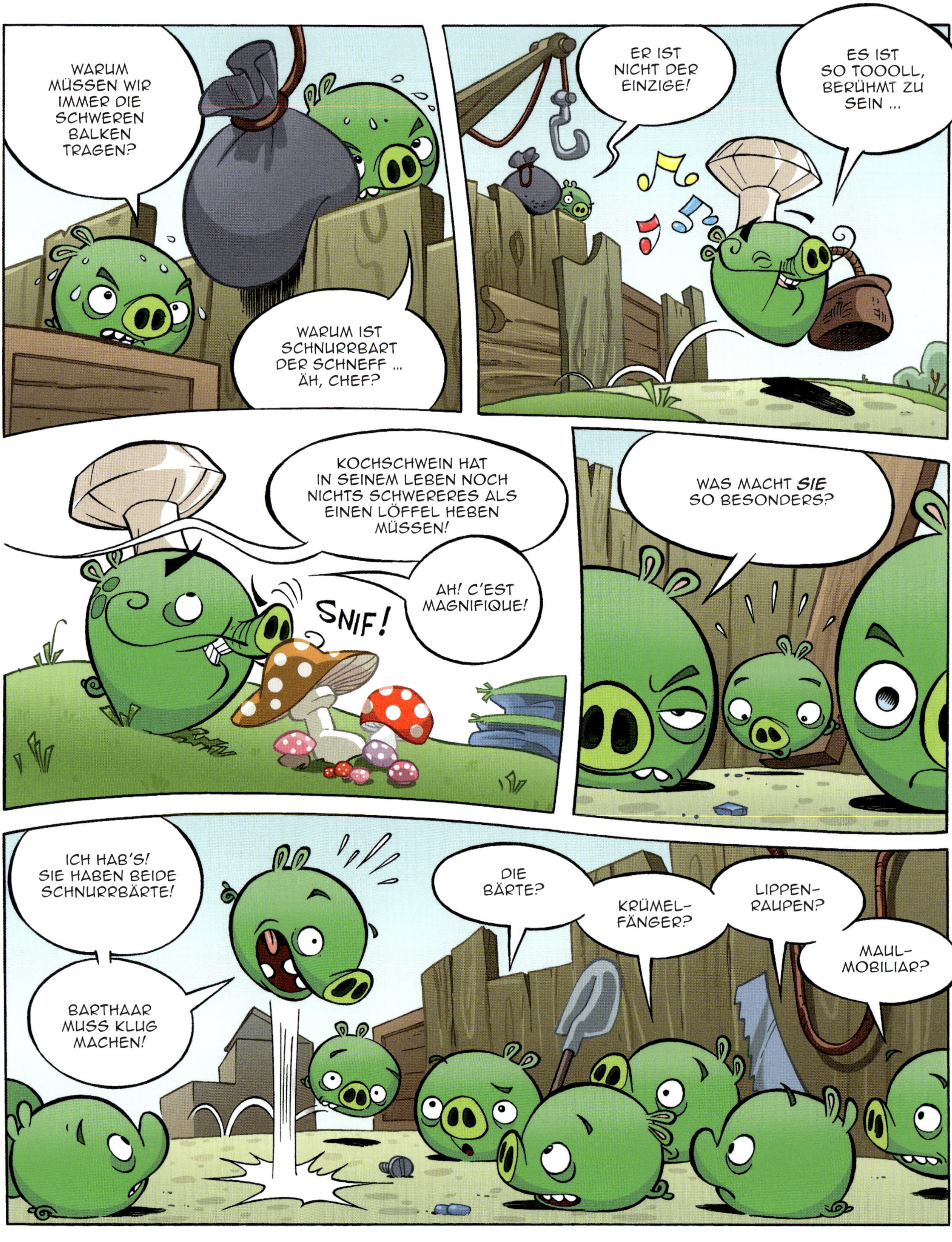
WARUM MÜSSEN WIR IMMER DIE SCHWEREN BALKEN TRAGEN?
WARUM IST SCHNURRBART DER SCHNEFF ... ÄH, CHEF?
ER IST NICHT DER EINZIGE!
ES IST SO TOOOLL, BERÜHMT ZU SEIN ...
KOCHSCHWEIN HAT IN SEINEM LEBEN NOCH NICHTS SCHWERERES ALS EINEN LÖFFEL HEBEN MÜSSEN!
SNIF!
AH! C'EST MAGNIFIQUE!
WAS MACHT SIE SO BESONDERS?
ICH HAB'S! SIE HABEN BEIDE SCHNURRBÄRTE!
BARTHAAR MUSS KLUG MACHEN!
DIE BÄRTE?
KRÜMEL-FÄNGER?
LIPPEN-RAUPEN?
MAUL-MOBILIAR?

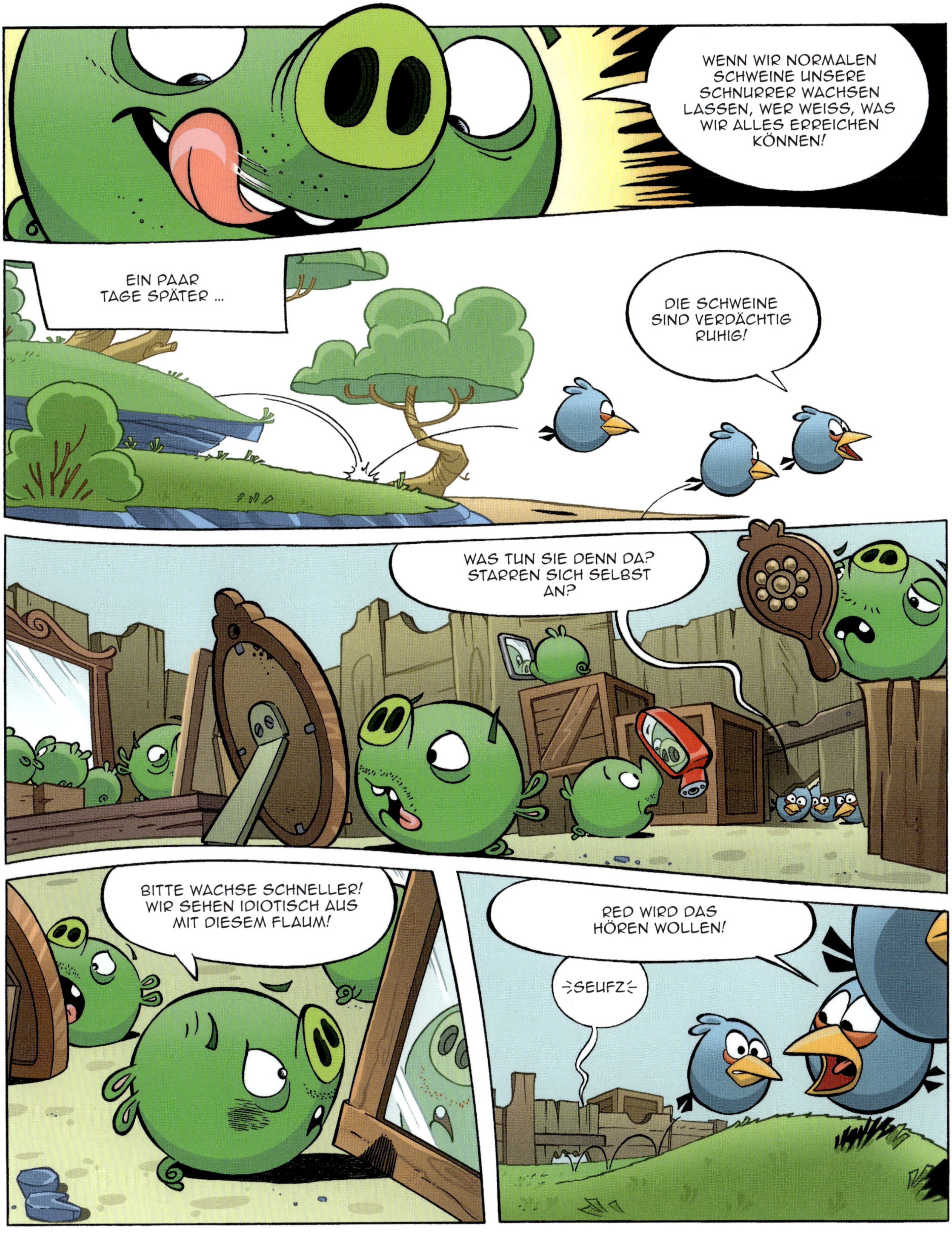
WENN WIR NORMALEN SCHWEINE UNSERE SCHNURRER WACHSEN LASSEN, WER WEISS, WAS WIR ALLES ERREICHEN KÖNNEN!
EIN PAAR TAGE SPÄTER ...
DIE SCHWEINE SIND VERDÄCHTIG RUHIG!
WAS TUN SIE DENN DA? STARREN SICH SELBST AN?
BITTE WACHSE SCHNELLER! WIR SEHEN IDIOTISCH AUS MIT DIESEM FLAUM!
RED WIRD DAS HÖREN WOLLEN!
SEUFZ

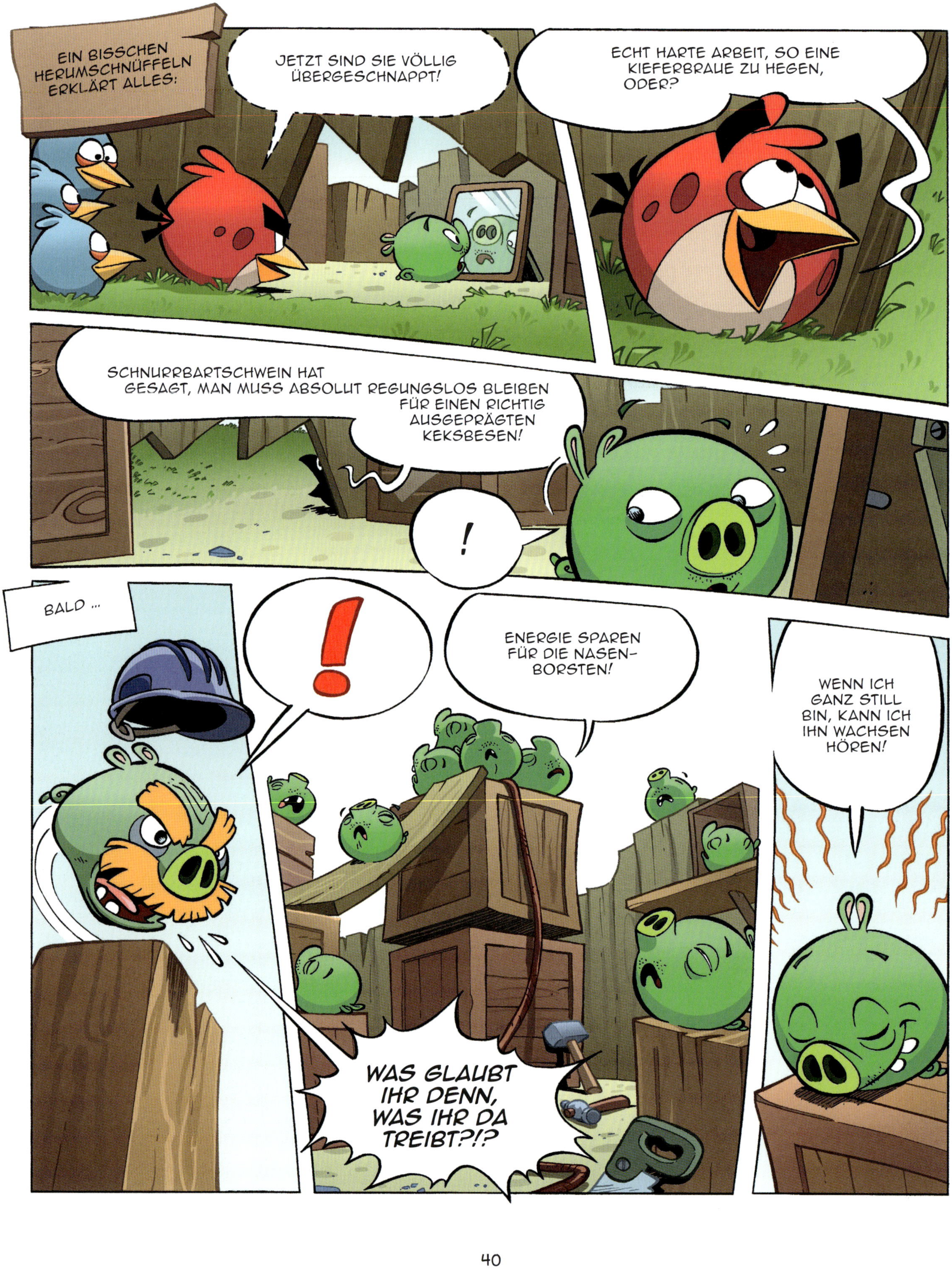
EIN BISSCHEN HERUMSCHNÜFFELN ERKLÄRT ALLES:
JETZT SIND SIE VÖLLIG ÜBERGESCHNAPPT!
ECHT HARTE ARBEIT, SO EINE KIEFERBRAUE ZU HEGEN, ODER?
SCHNURRBARTSCHWEIN HAT GESAGT, MAN MUSS ABSOLUT REGUNGSLOS BLEIBEN FÜR EINEN RICHTIG AUSGEPRÄGTEN KEKSBESEN!
!
BALD ...
!
ENERGIE SPAREN FÜR DIE NASEN-BORSTEN!
WENN ICH GANZ STILL BIN, KANN ICH IHN WACHSEN HÖREN!
WAS GLAUBT IHR DENN, WAS IHR DA TREIBT?!?

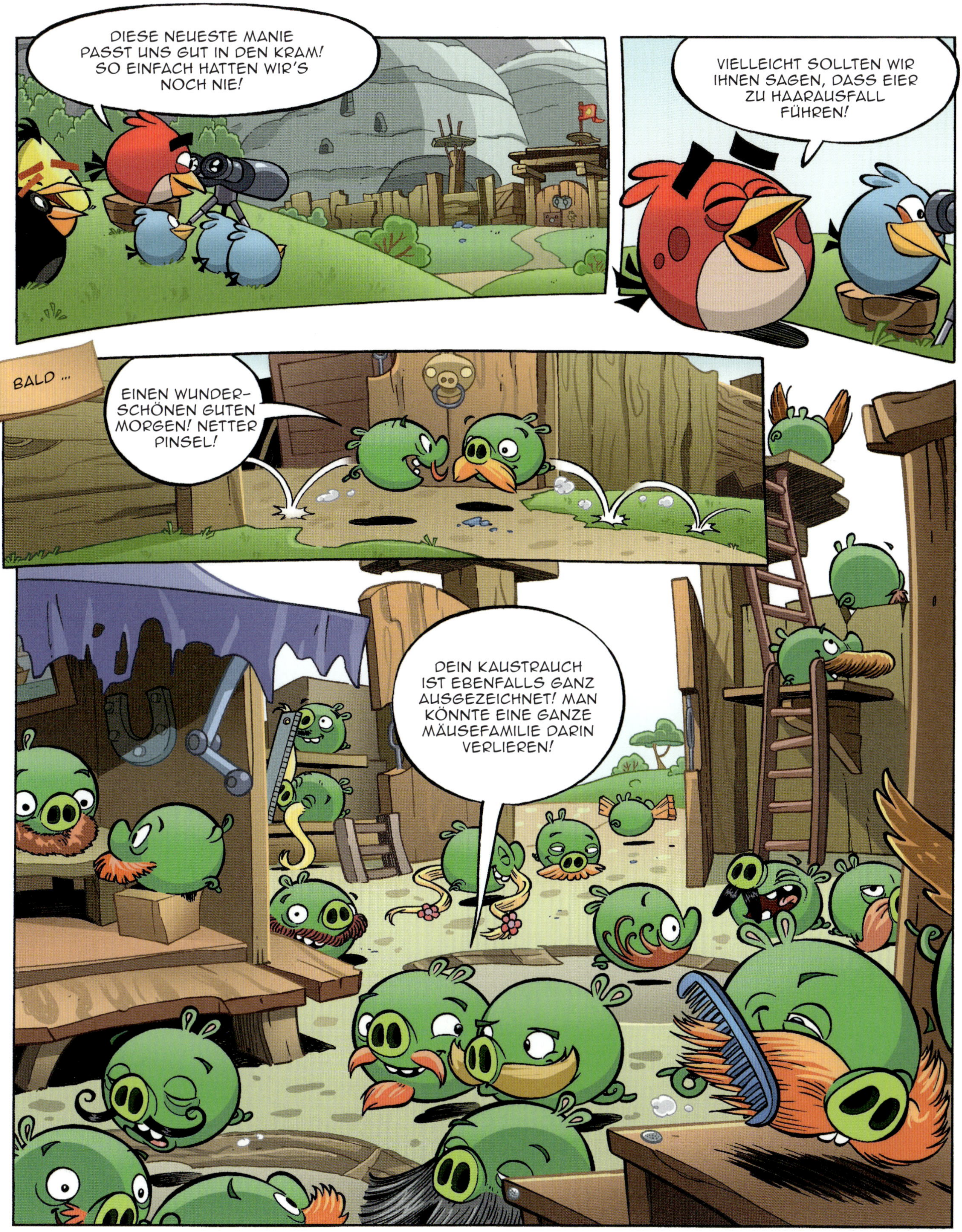
DIESE NEUESTE MANIE PASST UNS GUT IN DEN KRAM! SO EINFACH HATTEN WIR'S NOCH NIE!
VIELLEICHT SOLLTEN WIR IHNEN SAGEN, DASS EIER ZU HAARAUSFALL FÜHREN!
BALD ...
EINEN WUNDERSCHÖNEN GUTEN MORGEN! NETTER PINSEL!
DEIN KAUSTRAUCH IST EBENFALLS GANZ AUSGEZEICHNET! MAN KÖNNTE EINE GANZE MÄUSEFAMILIE DARIN VERLIEREN!

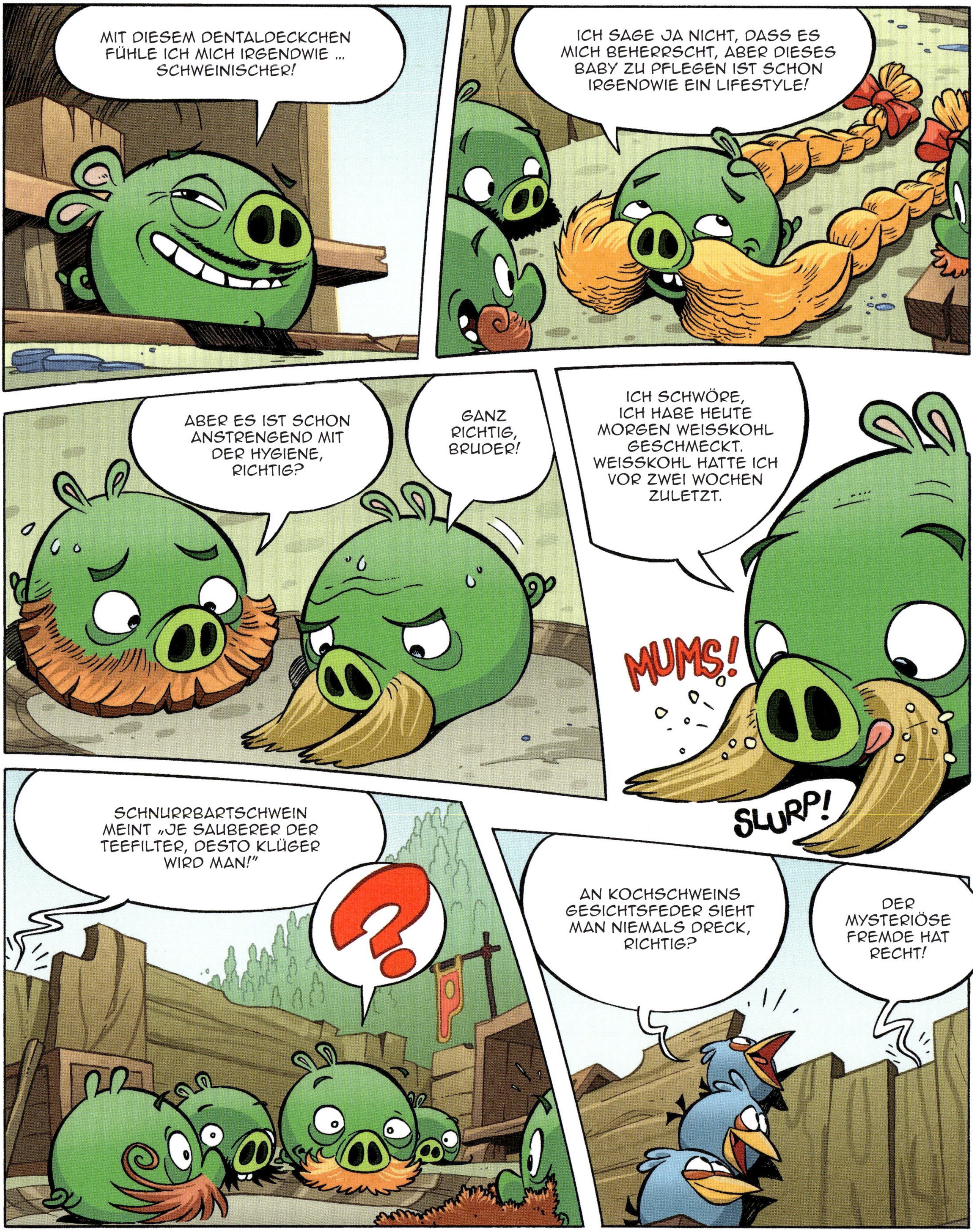
MIT DIESEM DENTALDECKCHEN FÜHLE ICH MICH IRGENDWIE ... SCHWEINISCHER!
ICH SAGE JA NICHT, DASS ES MICH BEHERRSCHT, ABER DIESES BABY ZU PFLEGEN IST SCHON IRGENDWIE EIN LIFESTYLE!
ABER ES IST SCHON ANSTRENGEND MIT DER HYGIENE, RICHTIG?
GANZ RICHTIG, BRUDER!
ICH SCHWÖRE, ICH HABE HEUTE MORGEN WEISSKOHL GESCHMECKT. WEISSKOHL HATTE ICH VOR ZWEI WOCHEN ZULETZT.
MUMS!
SLURP!
SCHNURRBARTSCHWEIN MEINT „JE SAUBERER DER TEEFILTER, DESTO KLÜGER WIRD MAN!"
?
AN KOCHSCHWEINS GESICHTSFEDER SIEHT MAN NIEMALS DRECK, RICHTIG?
DER MYSTERIÖSE FREMDE HAT RECHT!

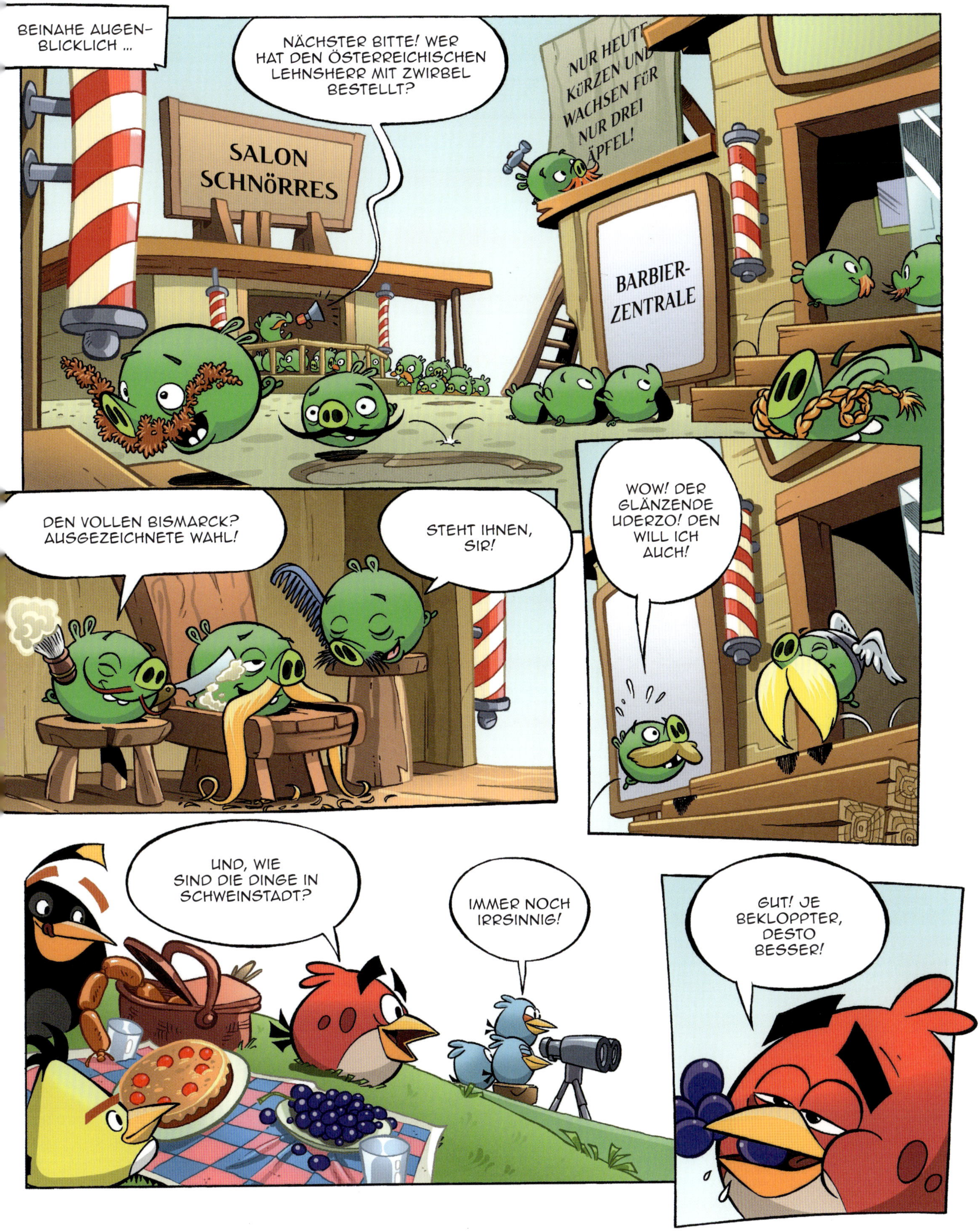
BEINAHE AUGENBLICKLICH …
NÄCHSTER BITTE! WER HAT DEN ÖSTERREICHISCHEN LEHNSHERR MIT ZWIRBEL BESTELLT?
SALON SCHNÖRRES
NUR HEUTE KÜRZEN UND WACHSEN FÜR NUR DREI ÄPFEL!
BARBIER-ZENTRALE
DEN VOLLEN BISMARCK? AUSGEZEICHNETE WAHL!
STEHT IHNEN, SIR!
WOW! DER GLÄNZENDE UDERZO! DEN WILL ICH AUCH!
UND, WIE SIND DIE DINGE IN SCHWEINSTADT?
IMMER NOCH IRRSINNIG!
GUT! JE BEKLOPPTER, DESTO BESSER!

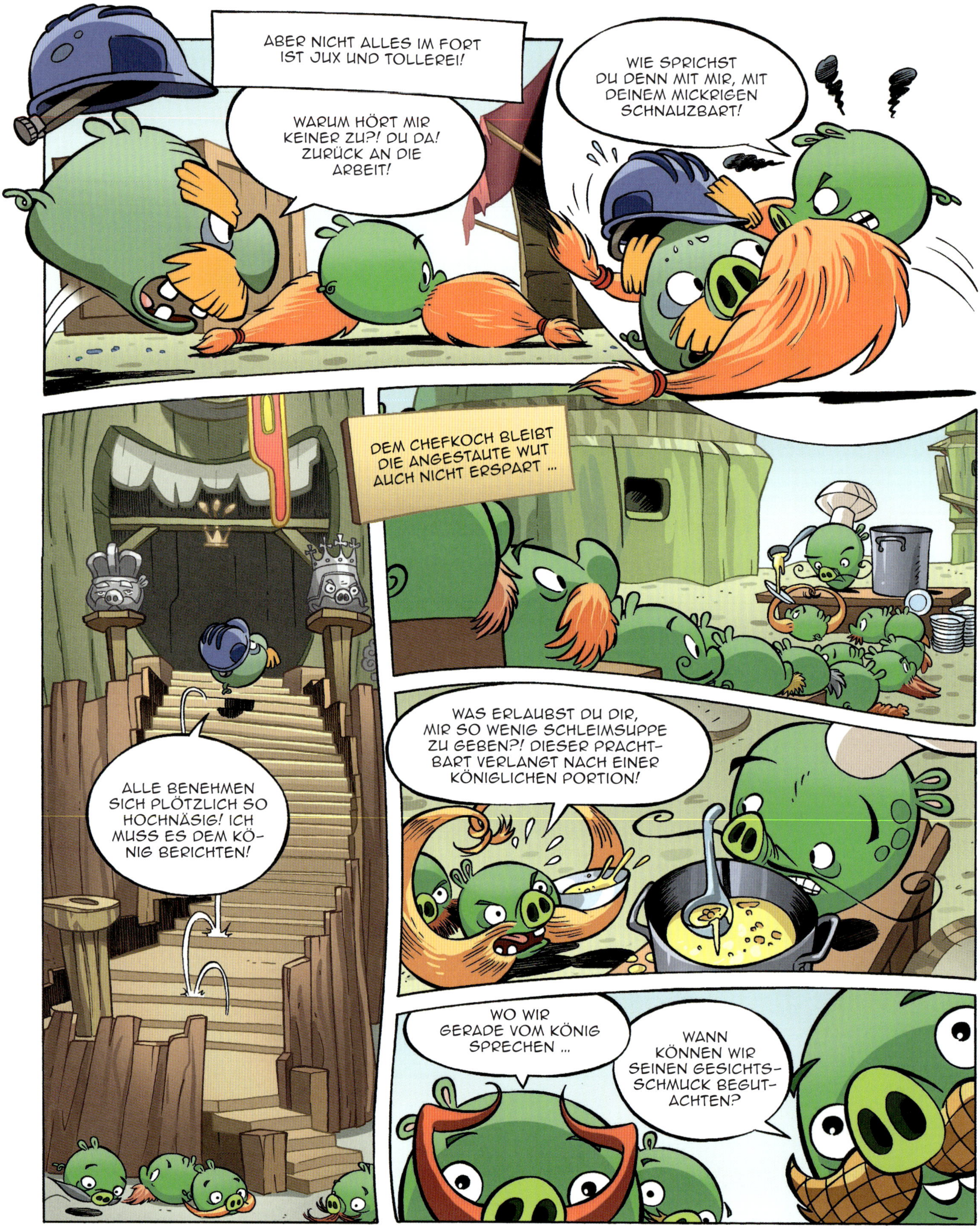
ABER NICHT ALLES IM FORT IST JUX UND TOLLEREI!
WARUM HÖRT MIR KEINER ZU?! DU DA! ZURÜCK AN DIE ARBEIT!
WIE SPRICHST DU DENN MIT MIR, MIT DEINEM MICKRIGEN SCHNAUZBART!
ALLE BENEHMEN SICH PLÖTZLICH SO HOCHNÄSIG! ICH MUSS ES DEM KÖNIG BERICHTEN!
DEM CHEFKOCH BLEIBT DIE ANGESTAUTE WUT AUCH NICHT ERSPART ...
WAS ERLAUBST DU DIR, MIR SO WENIG SCHLEIMSUPPE ZU GEBEN?! DIESER PRACHTBART VERLANGT NACH EINER KÖNIGLICHEN PORTION!
WO WIR GERADE VOM KÖNIG SPRECHEN ...
WANN KÖNNEN WIR SEINEN GESICHTSSCHMUCK BEGUTACHTEN?

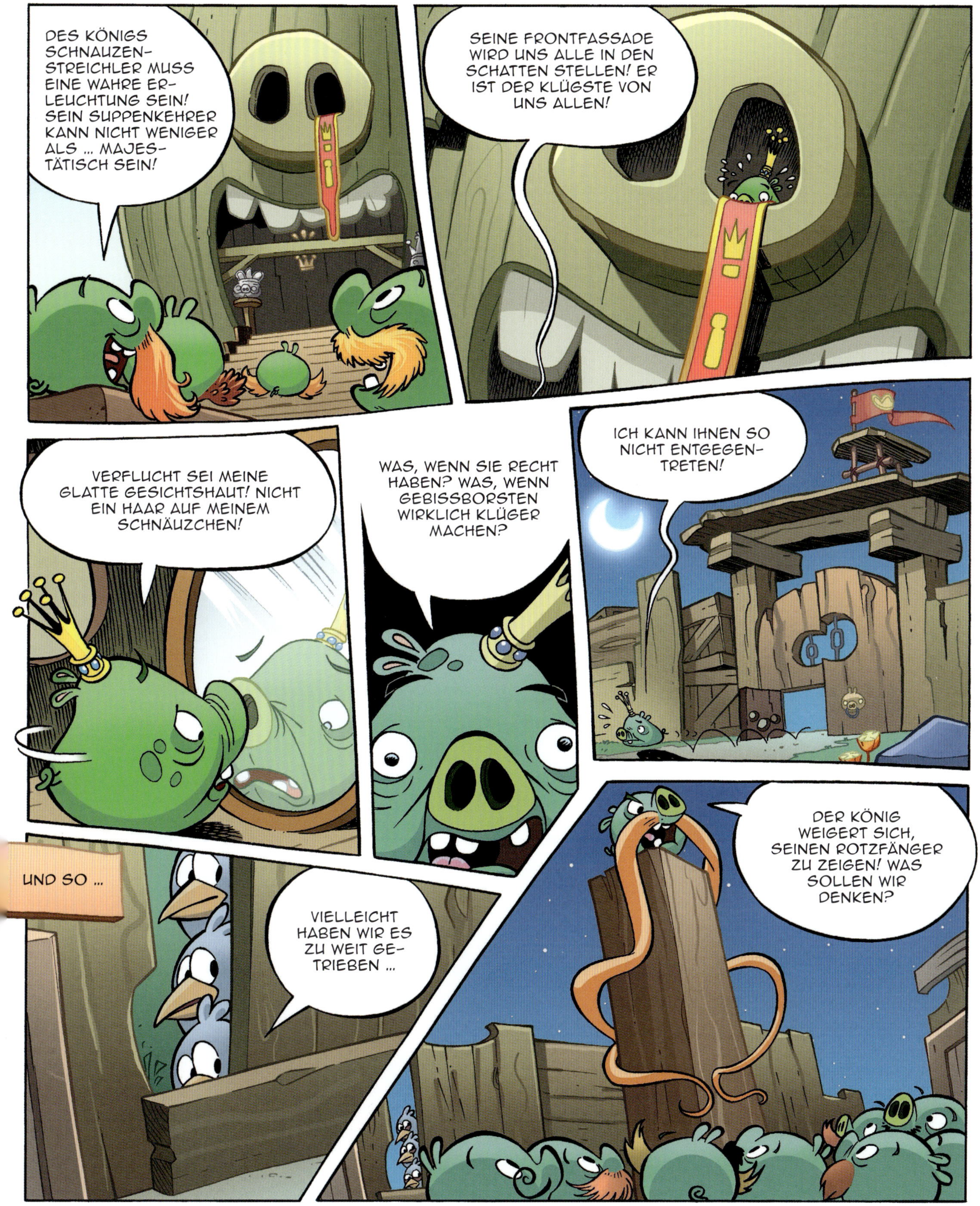
DES KÖNIGS SCHNAUZEN-STREICHLER MUSS EINE WAHRE ER-LEUCHTUNG SEIN! SEIN SUPPENKEHRER KANN NICHT WENIGER ALS ... MAJES-TÄTISCH SEIN!
SEINE FRONTFASSADE WIRD UNS ALLE IN DEN SCHATTEN STELLEN! ER IST DER KLÜGSTE VON UNS ALLEN!
VERFLUCHT SEI MEINE GLATTE GESICHTSHAUT! NICHT EIN HAAR AUF MEINEM SCHNÄUZCHEN!
WAS, WENN SIE RECHT HABEN? WAS, WENN GEBISSBORSTEN WIRKLICH KLÜGER MACHEN?
ICH KANN IHNEN SO NICHT ENTGEGEN-TRETEN!
UND SO ...
VIELLEICHT HABEN WIR ES ZU WEIT GE-TRIEBEN ...
DER KÖNIG WEIGERT SICH, SEINEN ROTZFÄNGER ZU ZEIGEN! WAS SOLLEN WIR DENKEN?

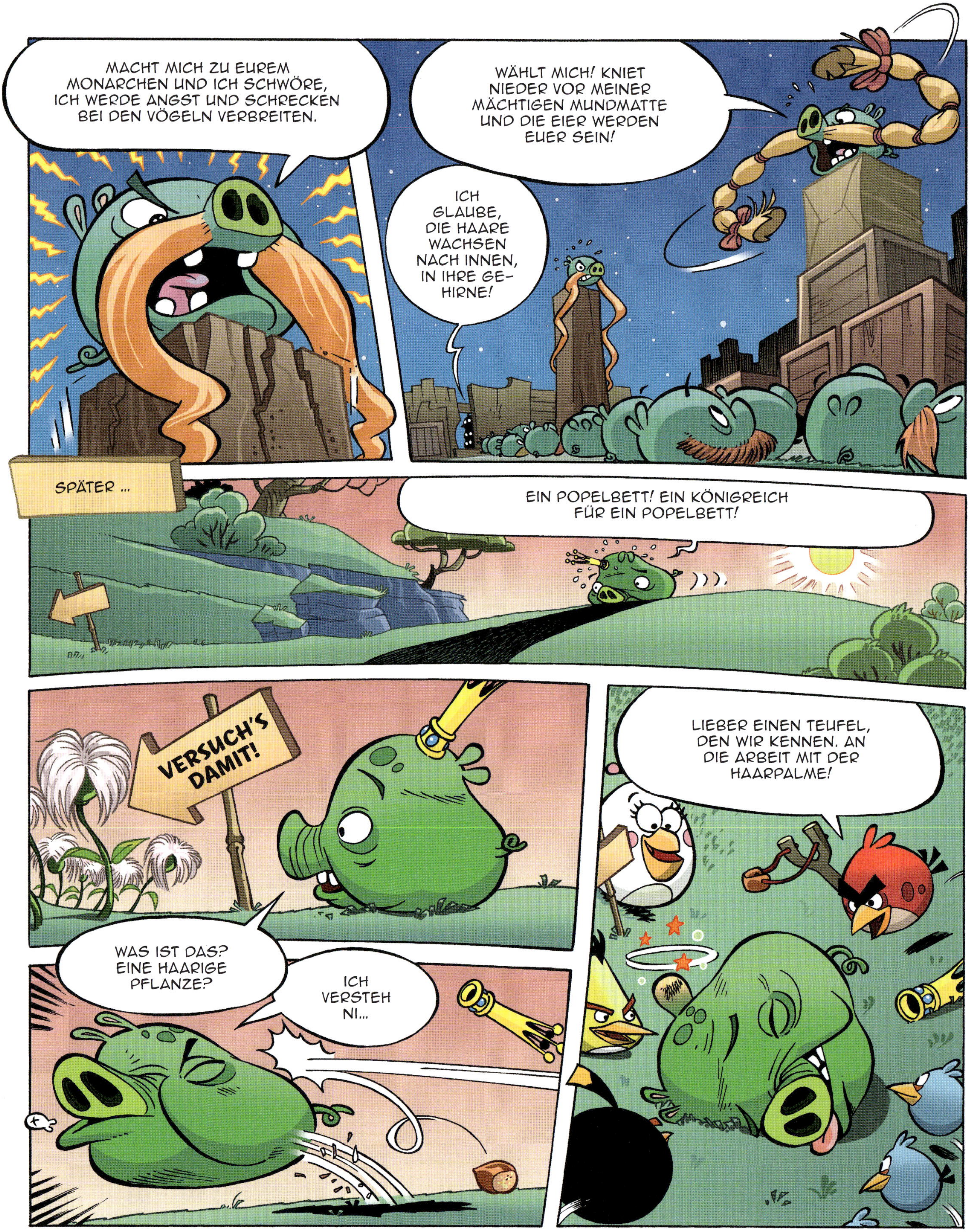
MACHT MICH ZU EUREM MONARCHEN UND ICH SCHWÖRE, ICH WERDE ANGST UND SCHRECKEN BEI DEN VÖGELN VERBREITEN.
WÄHLT MICH! KNIET NIEDER VOR MEINER MÄCHTIGEN MUNDMATTE UND DIE EIER WERDEN EUER SEIN!
ICH GLAUBE, DIE HAARE WACHSEN NACH INNEN, IN IHRE GE-HIRNE!
SPÄTER ...
EIN POPELBETT! EIN KÖNIGREICH FÜR EIN POPELBETT!
VERSUCH'S DAMIT!
WAS IST DAS? EINE HAARIGE PFLANZE?
ICH VERSTEH NI...
LIEBER EINEN TEUFEL, DEN WIR KENNEN. AN DIE ARBEIT MIT DER HAARPALME!

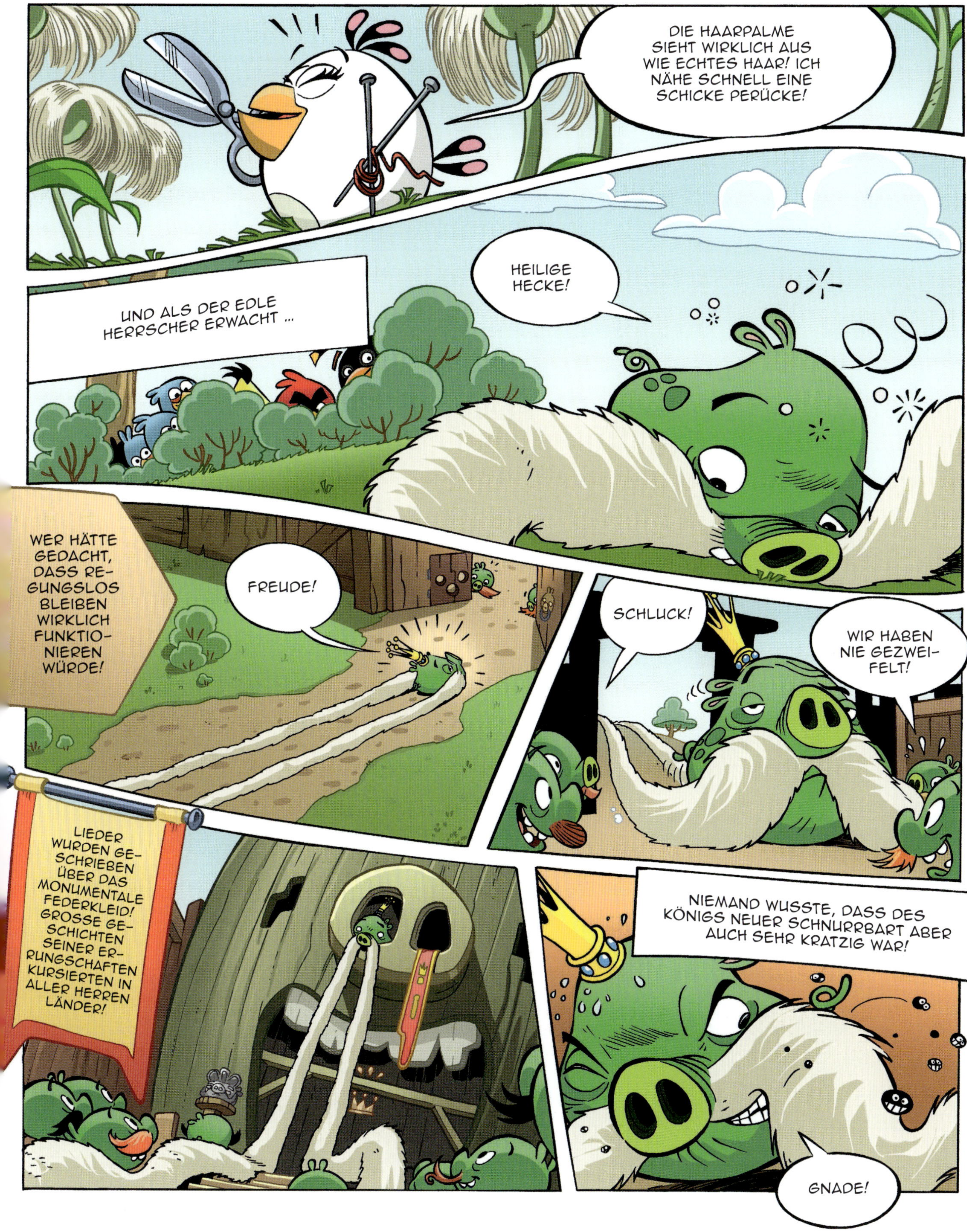
DIE HAARPALME SIEHT WIRKLICH AUS WIE ECHTES HAAR! ICH NÄHE SCHNELL EINE SCHICKE PERÜCKE!
UND ALS DER EDLE HERRSCHER ERWACHT ...
HEILIGE HECKE!
WER HÄTTE GEDACHT, DASS REGUNGSLOS BLEIBEN WIRKLICH FUNKTIONIEREN WÜRDE!
FREUDE!
SCHLUCK!
WIR HABEN NIE GEZWEIFELT!
LIEDER WURDEN GESCHRIEBEN ÜBER DAS MONUMENTALE FEDERKLEID! GROSSE GESCHICHTEN SEINER ERRUNGSCHAFTEN KURSIERTEN IN ALLER HERREN LÄNDER!
NIEMAND WUSSTE, DASS DES KÖNIGS NEUER SCHNURRBART ABER AUCH SEHR KRATZIG WAR!
GNADE!

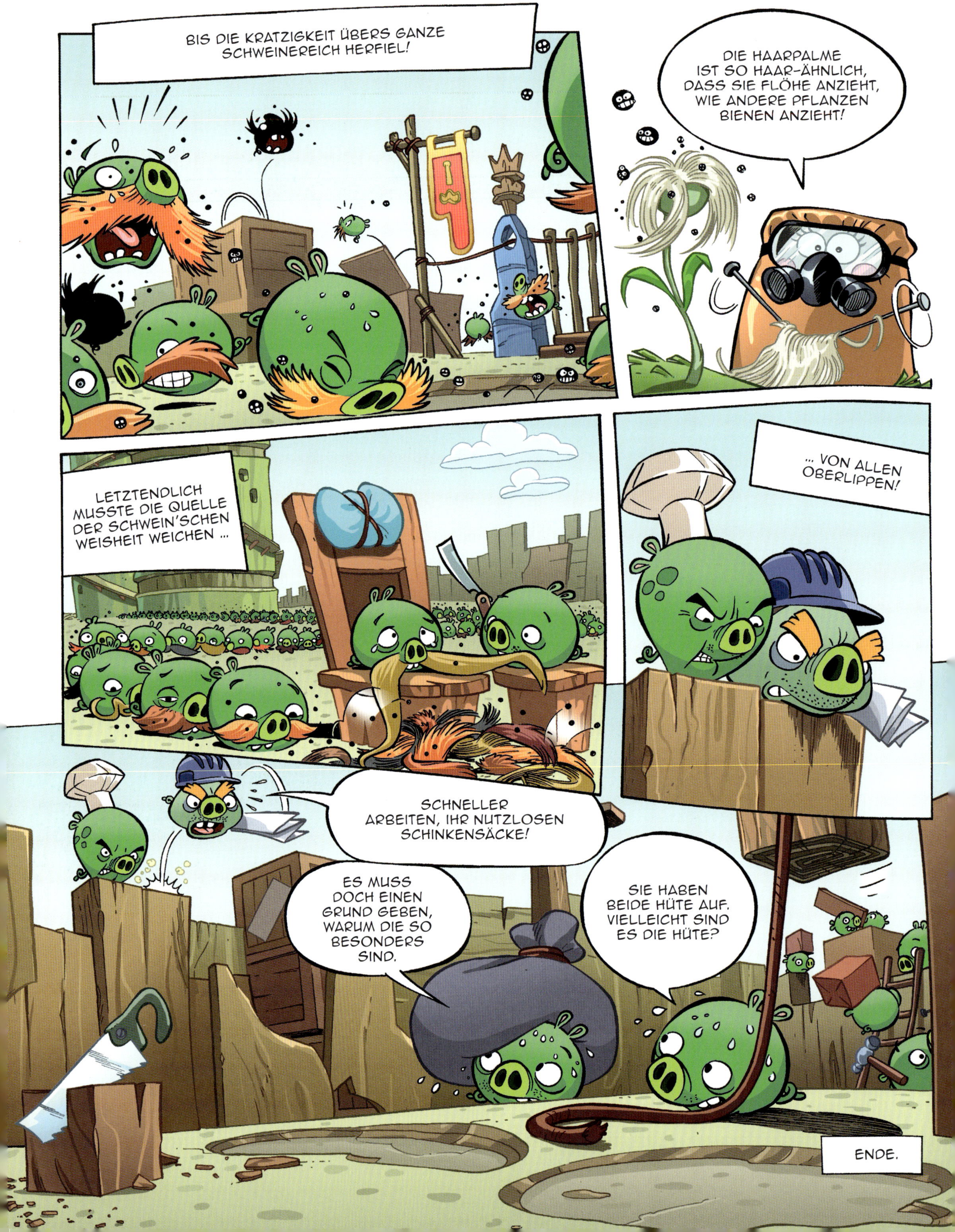
BIS DIE KRATZIGKEIT ÜBERS GANZE SCHWEINEREICH HERFIEL!
DIE HAARPALME IST SO HAAR-ÄHNLICH, DASS SIE FLÖHE ANZIEHT, WIE ANDERE PFLANZEN BIENEN ANZIEHT!
LETZTENDLICH MUSSTE DIE QUELLE DER SCHWEIN'SCHEN WEISHEIT WEICHEN ...
... VON ALLEN OBERLIPPEN!
SCHNELLER ARBEITEN, IHR NUTZLOSEN SCHINKENSÄCKE!
ES MUSS DOCH EINEN GRUND GEBEN, WARUM DIE SO BESONDERS SIND.
SIE HABEN BEIDE HÜTE AUF. VIELLEICHT SIND ES DIE HÜTE?
ENDE.